열린 사회와 양심의 자유

— 대체복무제 도입을 위한 법이론의 기초 —

이 정 훈 저

세창출판사

축 사

『열린 사회와 양심의 자유』의 출간을 축하하며

양심은 육안으로는 볼 수 없는 우리의 마음이다. 보이지 않기 때문에 때때로 사람들이 양심을 팔거나 속이고 나쁜 짓을 한다. 그러나 양심을 오랫동안 거짓의 틀 속에 가두어 둘 수는 없다. 왜냐하면 양심은 비록 보이지는 않지만, 그 존재 자체가 없는 것이 아니기 때문이다. 그래서 조만간 사람들은 양심을 증거 하게 되고, 따라서 양심이 회복되고, 양심이 살아 있는 사회가 등장한다.

마음의 존재와 정체를 연구하는 학자들은 이를 밝히 들여다보고, 이를 드러내 보이고 싶어 한다. 많은 신학자나 종교인들, 철학자와 윤리학자 등이 추구한 바이다. 그들과 같으면서도 또 다른 실용적 관점에서 법학자와 법률가는 양심을 최대한 실증시켜야 할 의무를 가진 직업인이다. 양심은 곧 실정법과 연결되기 때문이다(헌법 제103조: 법관은 헌법과 법률에 의하여 그 양심에 따라 독립하여 심판한다). 실정법의 표현이 있든 없든 양심은 분명 헌법과 모든 법체계를 지탱하고 있는 법의 원천(source of law)이 되는 규범이다. 따라서 양심이 부재하거나 혼탁해지면 법과 법치주의는 의미가 없게 된다.

양심의 개념을 파악하기 위해서는 먼저 자신의 내부에 있는 양심을 들여다보지 않을 수 없을 것이다. 자신의 양심을 보는 것도 쉽지 않다. 자신의 마음을 다스리고 정돈하지 않으면 자신의 것이라 해도 좀처럼 파악되지 않을 것이다. 주관적 양심을 넘어 객관적 양심을 찾기 위해 타인의 양심, 보편적 양심으로 눈을 돌리자면 이미 나는 더 이상 혼자가 아니고 타자와 끈을 맺고 있는 관계를 접하지 않을 수 없다. 이 복잡다기한 관계는 우리를 미망에 빠트린다. 그래서 존재론적 회의와 가치론적 회의와의 일전이 불가피하다. 설사 이런 회의론을 극복한다고 해도 양심이 금방 자명하게 손에 와 닿는 것은 아니다. 현실의 법과 제도는 양심이 고정된 모습이다. 그러나 고착된 양심으로서의 법과 제도는 양심을 빙자하거나, 혹은 그를 왜곡한 형태일 경우가 왕왕 있다. 그래서 양심을 찾아 세워야 하는 진정한 법학자, 법률가라면 법과 제도에 대한 양심진단을 해야 한다. 진단에 머물지 않고 비양심에 대한 치료까지 나가야 한다. 양심진단을 함에 있어서 법학자와 법률가는 자신과 타인간의 일치할 수 있는 양심을 찾아야 하는데, 이 과정에서 양심의 자유가 꼭 필요하다. 양심형성의 단계와 양심상의 결정을 표명하거나 실현할 자유가 보장되어야 사람들 간의 다양한 양심이 서로 일치할 기회를 갖기 때문이다. 모든 자유가 법과 제도로 보장되고 있지만, 거꾸로 법과 제도가 건강하게 유지되기 위해서는 인권의 보장이 반드시 필요하고, 특히 표현의 자유, 더 나아가서 양심의 자유의 보장으로 귀결된다.

이상과 같은 양심과 관련한 모든 번민과 분석, 적용과정이 이정훈 선생님의 『열린 사회와 양심의 자유』에서 취급되고 있다고 자부한다. 법학도로서, 또 법철학도로서, 이정훈 선생님은 양심의 궁극적인 존재와 모습을 찾아 나선 사람이다. 이정훈 선생님은 아직 약관의 30대이지만, 인생수업의 관점에서 보면 이미 달관의 경지에 들어서 있는 듯싶은 노숙한 사람이다. 요즘 사람으로는 보기 드물게 일찍부터 탈속하여 구도자의 길도 걸었고, 또 환속해서도 여전히 진리탐구에 몰두를 하는 청년이다. 법연구자로서는 아직 초입에 서있지만, 학문의 성취에 관한 그의 장래는 유망하다. 능력도 출중하지만, 특히 자신의 마음의 창을 닦는 일에 누구보다도 부지런하기 때문이다.

이번 귀한 책의 출간을 축하하는 동시에 이 책이 이정훈 선생님의 전도양양한 학문의 길에서 출품될 많은 걸작들 중에서 서장의 작품으로 남게 될 것으로 믿는다. 그리고 살아가는 동안에 혼란스런 법과 제도를 바로잡고, 바른 규범을 세우는 작업을 해나가다가 마침내 깨끗하고 정직한 양심의 실체를 만나 한 점 의문 없는 큰 깨달음과 넘치는 기쁨의 날을 맞이하기를 희망한다.

2006년 12월

한국방송통신대학교 법학과 교수

전 민주주의법학연구회 회장

강 경 선

머 리 말

승려로서의 삶과 세속의 삶 속에서 만난 수많은 각각의 존엄한 양심의 주체들을 떠올려 본다. 특히 군종장교로 복무하면서 마주친 육군교도소에 수감된 젊은 눈망울들은 법철학도이자 종교인이었던 필자를 침묵할 수 없게 하였다. 우리는 대체복무제의 도입과 성숙한 다원적 민주사회를 이루어야 할 도덕적 의무가 있음을 자각해야 한다. 공동체·도덕·인간·자유·법 등에 천착하다 보면, 어떤 사상가의 사유 자체가 문제가 아니라 그 사유를 현실화하는 과정이 큰 문제라는 것을 깨닫게 된다. 어떤 사상을 이단이라고 규정짓는 획일적 경건함이 다원적 가치가 공존하는 민주사회를 가로막는 걸림돌이었음을 동·서양의 역사를 통해 우리는 이미 알고 있다. 동·서양의 많은 사상가들이 이러한 획일적 경건함으로 고초를 겪었으며, 그 이면에는 인간의 내면을 통제할 수 있다는 오만이 존재해 왔다. 이제 더 이상 이러한 어리석음을 묵인하는 것은 지식인의 도리가 아니라고 생각한다.

이 책은 대체복무제의 도입과 다원적 민주사회의 성숙을 염원하는 마음으로 또한 상대주의적 양심 개념 구성의 사회적 필요성에 대한 자각으로 집필하게 되었다. 얼마 전 법무부가 주관한 인권정책 수립을 위한 공청회에서 법학자인 한 발제자가 답변한 말이 떠오른다. 20살 청년이 던진 종교계 사립학교의 기도 강요와 인권침해에 관한 질문에 대해 “현재의 사법체계에서는 너의 주장을 인정할 수 없다”라고 그가 답했던 것으로 기억한다. 그의 말처럼, 우리가 현재의 체계를 강조하면서 소수자들의 인권을 역사상 단 한 번도 고려하지 않았다면, 아직도 노예제가 잔존할 수도 있고, 흑인이 백인과 동등한 인간이 아닐 수 있으며, 여성은 정치적 판단을 할 수 없는 존재라고 여기며 살고 있을지도 모른다. 처벌과 차별을 감수하며 용감하게 자신의 인권을 주장하는 소수자가 없었다면 우리는 그가 말한 현재의 체계를 감히 가지지 못했을 것이다. 열린 마음을 갖지 않으면 더 나은 세상은 요원해질 것이 분명하다. 이 책이 조금이나마 우리 사회의 닫힌 마음을 여는 역할을 할 수 있으면 하는 바람이다.

끝으로, 이 책을 집필할 수 있도록 지도해 주시고 격려해 주신 최봉철 교수님께 존경과 감사의 마음을 전하고자 한다. 사제지정을 맺은 이후 올곧은 학자의 길을 스스로의 삶과 학문으로 가르쳐 주시는 선생님께 글로 어찌 감사의 마음을 다 전할 수 있겠는가. 또한 항상 가까이에서 자상한 가르침을 주시는 선생님이자 아버지이신 방송대 이상영 교수님께 머리 숙여 감사의 마음을 전한다. 인간과 사회를 향한 따뜻한 시각을 일깨워 주시는 강경선 교수님께도 감사의 마음을 전하고 싶다. 선생님들의 가르침에 보답하는 길은 오직 정진하는 것이라 믿고 불퇴전의 자세로 삶과 학문에서 선생님들의 뒤를 따르고자 한다.

2006년 겨울

동악의 자락, 종교자유정책연구원에서

이 정 훈

차 례

제1장 상대주의적 양심 개념의 필요성

제2장 양심의 개념

제3장 양심의 자유의 보장과 제한

제4장 양심이론의 적용사례

제1장

상대주의적 양심 개념의 필요성

제1절 왜 상대주의적 양심인가?

드워킨은 "나치는 법을 가지고 있었는가?"라고 묻는다.[1] 혹자는 나치의 부도덕성과 범죄성을 근거로 그 치하에서 형성된 법질서는 모두 무효라고 주장하며 '법이 없었다'라고 할 것이고 혹자는 나치가 부도덕한 정권이라 하더라도 당시의 모든 법질서의 산물을 무효라고 할 수 없으므로 '법이 있었다'라고 할 것이다. 또는 '법이기 위한 형식적인 요건을 갖추었으므로 법이 존재한다'라고 주장할 수도 있다. 중요한 것은 각각의 주장을 하는 사람들이 각각 다른 법개념을 가지고 있다는 것이다. 결국 문제의 본질은 법의 성격규정에 달려 있다.

그렇다면 양심의 문제는 어떨까? '히틀러에게 양심이 있을까?'라고 물으면 이에 대해 다른 답변이 있을 것이고 나름대로 그것의 근거를 제시할 것이다. 결국 양심의 개념을 어떻게 규정할 것인가가 문제가 될 것이다. 예를 들어 최근 미국의 이라크 침공과 같은 사례에서 어떤 이는 폭격에 의한 어린이의 부상을 보고 미국의 부시 대통령을 '양심 없는 자'라고 비난할 수도 있다. 그러나 부시 대통령은 이 전쟁이 양심에 따른 결단에 의한 것이라고 말할 수도 있다.

---

1) Ronald Dworkin, Law's Empire (Cambridge, MA: Harvard University Press, 1986), 101면.

이때 부시 대통령은 자신은 객관화될 수 있는 양심에 따라 전쟁을 수행한 것이라고 주장한다고 하자. 그는 부도덕한 독재자 후세인을 처단하여 이라크인을 해방하고 동시에 미국의 국익에도 부합하고 결과적으로 미국인, 이라크인 모두에게 좋은 전쟁을 양심상 피할 수 없으며 자신은 이런 근거에서 신의 뜻에 따르는 객관적 양심의 실행자라고 자처한다고 하자. 그러나 후세인의 시각은 좀 다를 것이다. 그가 감옥에서 신에게 기도했던 사실을 언론을 통해 세계 각지의 사람들이 볼 수 있었다고 가정해 보자. 후세인 역시 신의 뜻으로 대변되는 객관적 양심의 실행자라고 생각할 수 있다. 그렇다면 이 '객관적'이라고 할 때 '객관'은 무엇일까? 전쟁이 끝나고 그 전쟁의 승리자의 주장이 객관적 양심이 되는 것이 아마도 현실이 아닐까? 필자의 문제 제기는 여기에서 비롯된다.

무언가 객관적인 선을 지향하는 양심이 있다는 주장을 따르면 객관적 양심은 '실정적 힘'이자 '권력'의 문제가 되는 것이다. 즉 이 객관성을 관리하는 관리자의 주관적 양심이 객관이라는 말로 둔갑하게 되고 말 것이다. 부시가 다니는 개신교 교회의 신은 무엇이 양심이라고 할까? 후세인이 다니는 이슬람 교회의 신은 또 양심이 무엇이라고 말해 줄까? 이를 객관적으로 확인하기 위해서는 아마도 이들 교회에 찾아가 권위 있는 성직자에게 물어야 할 것인데, 결국 개신교 목사와 이슬람교 이맘의 신의 뜻에 대한 객관적이라고 주장하는 각각의 주관적 해석을 듣게 될 것이다.

인간은 삶 속에서 언제나 해결하기 힘든 문제에 봉착한다.

'생·노·병·사'의 문제며, 윤리적인 문제 등, 모두 열거할 수 없을 만큼 많은 실존의 문제들을 가지고 있다. 이러한 이유로 인해 인간은 인간의 실존을 초월하는 무언가를 그리게 되고 그것에 의지하게 되고 그것에 기대고자 하는 마음을 갖게 된다. '죽음'의 공포를 극복하기 위해 사후세계를 상상한다든지 '신'이라는 존재를 전제하고 모든 어려운 문제를 그 곳으로 환원하는 것들이 그러하다. '양심'의 문제도 마찬가지이다. 무언가 객관적인, 우리의 불합리하고 모순된 현실을 초월한 도덕적 기준이 있을 것이라고 또 인간의 본성에는 그러한 것이 자리잡고 있을 것이고 이를 따르는 것이 양심에 따르는 것이라고 믿고 싶을 것이다.

그러나 '양심의 내용은 이러하다'라고 그 내용의 객관성을 주장하는 자가 있다면, 현재 그가 절대적으로 믿고 있는 내용을 그가 객관적이라고 주장하는 것일 뿐이고 이는 지독히 주관적이다. 거리에서 '특정 종교를 믿지 않으면 지옥에 간다'는 구호를 외치는 사람의 눈빛을 본 적이 있다면 이 말에 쉽게 동의할 것이다. 그 자의 눈에는 거리의 수많은 이들이 한치 앞을 못 보는 답답한 존재들이고 곧 지옥문에 들어설 가련한 존재들일 뿐이며, 그들을 구원해야 한다는 그 절박함이 뜨거운 열정으로 뿜어져 나오고 있음을 알 수 있다. 그에게 다른 진리는 존재할 수 없으며, 다른 신도 존재할 수 없다. 양심의 내용의 객관성은 이러한 것과 다르지 않으며 우리의 실존을 초월한 무언가를 설정하고자 하는 노력은 결국 우리의 현실을 더욱 초라하게 하는 것일 뿐 아무것도 아니다.

필자의 객관주의 양심론에 대한 비판을 도덕회의주의라고 비난할 수 있을 것이다. 그러나 법의 이념과 도덕의 혼란이 두려워서 존재하지도 않는 '객관성'을 설정해 놓고 이를 근거로 양심론을 펼치면 양심은 존재하지 않는다는 회의주의를 역으로 인정하게 되는 것이다. 라드브루흐는 "세계를 이성이 목적을 가지고 창조한 것으로 생각하지 아니하고 하나의 이성체계 속에서 세계를 모순 없이 설득하는 철학이 있다면 그것은 얼마나 괴상한 것이 될 것인가"라고 하였다.[2] 하나의 이성체계 속에서 세계를 모순 없이 설득하는 철학은 있을 수 없다. 그렇다고 해서 세계를 이성이 목적을 가지고 창조한 것으로 생각하는 것은 더 괴상할 것이다. 설명하기 힘든 것을 설명하기 위해 전혀 검증할 수 없는 것을 제시하고 이를 믿음으로써 문제의 본질을 해결하지 못한 채, 안주한다면, 이는 아무 것도 하지 않음만 못한 것이다. 불완전하고 모순이 될지라도 그 불완전과 모순을 인정하고 더 나은 선택과 판단을 위해 성찰하는 것과 곤란함을 회피하기 위해 존재하지 않는 완전함을 가정하는 것과는 다르다고 생각한다. 양심을 주관적이라고 인정하면 발생할 문제들과 윤리적 혼란이 두려워 양심은 객관적인 것이라고 한다면 세계를 합리적으로 설명하기 힘들 때 절대자를 전제하고 이를 믿음으로써 이 문제를 해결하려는 태도와 무엇이 다르겠는가?

만일 '지구가 태양의 주위를 돈다'는 명제를 검증하기 어렵다고 하여 또 이미 전제되어 있는 신에 대한 불경으로 간주하

2) 최종고, 『법철학』(박영사, 2002), 250면.

여 의심하고 탐구하지 않았다면 아직도 우리는 어떤 종교 권력자의 설명을 들으며 태양이 지구를 돈다고 말하고 있을지도 모른다. '객관성'을 설정하여 양심을 설명하고자 하는 시도는 결국 세계를 하나의 이성체계로 설명하기 어려워 신의 존재를 전제하는 것과 유사한 것이고 이는 역으로 신이 존재하지 않는다는 것을 인정하는 것과 마찬가지의 논리가 된다. 왜냐하면 합리적 신이 존재한다면 그가 창조한 세상은 합리적일 것이고 그의 의지가 발현되는 것이 역사라면 역사는 합리적일 것이기 때문이다. 데카르트가 신의 존재를 증명하겠다고 했던 시도 역시 필자는 역으로 신이 없다는 것을 증명한 것이라 생각한다. 설명할 수 없으니 설명하기 위해 전제한다는 것은 그 전제가 허구임을 입증하는 것이 될 것이다. 마치 켈젠(Hans Kelsen)이 근본규범을 전제하고서 받게 되는 비판과 유사하다고 생각한다. 필자의 주장은 하나의 이성체계로 설명할 수 없음을 인정하고 또 배후에 존재하는 합리적 이성을 전제하지 않은 상태에서, 실질적으로 그것을 검증해 보자는 것이다. 결국 양심에 관한 문제 역시 한 가지 기준으로 혹은 어떤 전제를 가정하지 않고, 다양한 양심의 발현을 설명하자는 것이다.

절대자를 믿는 종교인에게 절대자를 검증해 달라고 요청해 보았는가? 이 종교인은 믿음의 문제라고 할 것이다. 검증할 수는 없지만 객관적인 양심이 있다고 믿으면 문제는 간단해질 것이다. 그러나 그렇게 할 수는 없다. 세계를 이성이 목적을 가지고 창조했다면, 이 세계는 왜 이렇게도 불합리한 것이 많이 존재하는가? 필자를 포함한 인간들을 시험하기 위함인가? 객관적 양심이 존재한다면, 인간으로서 도저히 행할 수 없는 파렴치한 행위를 한 자에게 이 양심은 왜 존재하지 않았을까? 존재하는데 이 파렴치한이 잠시 착각한 것인가? 망각한 것인가? 양심이 없는 자가 있다면 왜 누구에게는 있고, 누구에게는 없는가? 이것은 또 누가, 무엇이 결정하는가?

만일 객관적 양심을 전제하고 파렴치한을 객관적 양심을 착오한 것이라고 한다면 그 파렴치한이 속한 사회의 윤리적 문제를 간과하고 또한 그의 양심을 법과 사회적인 윤리요구로 평가하기보다 착오에 의한 것으로 면죄부를 발행하는 것과 같은 모순이 발생할 가능성이 있는 것이다.

하나의 이성체계로 이 세계를 설명할 수 없는 것처럼 인간의 내면에서 생성되는 관계적 존재인 실체가 없는 '양심'을 객관적으로 그 내용을 규정할 수는 없다.[3] 삶은 고통스럽다. 그렇다면 이 고통의 근원을 진솔하게 인정하고 파악하는 것이 중요한 것이지 사후세계를 찬란하게 상상하여 고통을 망각하자거나 현실을 떠난 추상의 세계를 믿음으로써 환각 상태에 빠져 있는 것은 옳지 못하다고 생각한다. 인간은 불완전하다. 인간의 내면 역시 불완전하다. 인간의 내면에서 생성되어 발현되는 양심 역

---

3) 관계적 존재라 함은 불교철학적 관점에서 그 자체로서 실체가 없고 다른 존재와의 관계 속에서 유기적으로 존재한다는 것을 말한다. 지구상의 모든 존재, 더 나아가 우주 안의 모든 존재는 이러한 관계 속에서 존재한다는 것이다. 가령 지구와 태양의 관계, 꽃과 나비의 관계 등, 독자적 실체로서 존재하는 것은 없다는 것이다. 양심 또한 여러 가지 사상, 문화적 요소, 종교 등의 영향으로 형성되며, 이렇게 형성된 양심은 다시 그가 선택하는 종교・사상 등에 영향을 준다.

시 불완전하다. 이 불완전함을 극복하기 위하여 완전함을 상상하고 나중엔 이 완전함이 실존하는 것으로 믿는다면 오히려 당해 문제에서 벗어나게 된다. 차라리 불완전함을 인정하고 그곳에서 대안을 발견하는 것이 현명할 것이다. 그러나 이러한 발현의 양상에는 공통의 기반과 규칙이 있고, 이를 설명하는 것이 양심의 개념을 구성하는 기초가 되는 것이며 이러한 양상과 규칙이 현실상의 문제를 해결하는 데 좀더 도움이 되는 방향으로 전개될 수 있는 방향조정의 역할을 하는 것이 연구자의 역할이라고 생각한다. 그러나 차악으로서의 선택이 있을 뿐 정답은 없다.

그렇다면 양심은 존재하는 것일까? 물론 존재한다. 그러나 우리가 흔히 생각하는 실체로서의 존재가 아니다. 나는 존재하는가? 그렇다. 그러나 존재하지 않는다. 이는 고정불변의 실체로서의 존재를 부정하는 것이다. 모든 존재는 생・멸 변화를 거듭하고 상주(常住)하지 않으며 개념도 마찬가지다. 즉 양심은 성장환경, 문화적 영향, 종교, 사상 등에 영향을 받아 형성된다. 이렇게 형성된 양심은 다시 종교, 사상 등의 선택에 영향을 준다. 결국 인간을 둘러싼 정신적 요인과 관계적으로 양심은 존재한다. 이러한 관계에서 어떤 것이 더 선행하는가는 닭이 먼저인가 달걀이 먼저인가를 묻는 것과 같다.

따라서 그 사회가 양심을 어떻게 해석하는가는 중요하다. '양심은 무엇인가?'를 연구한다는 것은 양심의 개념을 연구하는 것이고, 개념을 밝히는 것은 해석의 문제가 될 것이다. 해석한다는 것 역시 객관적이고 절대적인 기준에서 좋은 해석과 나쁜 해석을 구분하기 어려울 것이다. 해석은 그 사회에 적합한 개념을 발견하고 구성하는 과정이 된다. 즉 양심의 개념을 연구하는 것은 우리 사회에 적절한 양심의 개념을 발견하고 구성하는 것을 말한다. 여기서 적절하다는 것은 상대적인 것으로 적절하다고 인식되어 구성된 개념이라는 뜻이지, 그 개념이 절대적으로 적합하다는 것은 아니다. 최선의 해석은 존재할 수 없다. 단지 그 사회가 추구하는 가치와 목적에 부합한다는 의미이고 이는 상대적인 것이다. 더 나은 개념의 구성이 가능하고 그 구성원들에 의해 구성되고 수용되면 새로운 개념이 다시 구성될 것이기 때문이다. 개념도 해석도 선택의 문제인데 인간의 현실엔 차악으로서의 선택만이 존재할 뿐이다.

넓게 보면 필자의 '상대주의 양심론'은 주관주의 양심론에 포함된다. 그러나 '상대주의 양심론'이라는 표현을 하는 것은 다음과 같은 이유 때문이다. 첫째 객관주의 양심론을 비판하는 핵심은 양심의 내용을 객관적 도덕기준으로 심사할 수 있다는 입장을 비판하기 위한 것이다. 즉, 특정 거부행위가 양심적 거부인가 아닌가의 문제를 판단하는 것은 그 양심의 내용이 사회 다수의 정의관 내지 도덕관에 부합하는가 여부와 무관하기 때문이다. 특정 정의관이나 도덕관을 객관적 기준으로 설정하고 양심의 내용심사를 하고 이를 근거로 '양심이다, 아니다'를 판단하는 것을 비판한다.

둘째는 칸트철학에 근거하여 주관주의 양심론을 취하고 있지만 '보편화가능성'을 통해 양심론을 설명하는 이재승 교수의 입장과 구별하기 위한 것이다.[4] 뒤에 자세히 다루었지만 이러한 이재승 교수의 논리구조는 특정 양심의 내용이 '보편화가능한가'를 심사하게 되므로, 결과적으로는 객관주의 양심론과 내용심사를 허용한다는 측면에서 차이가 없게 된다. 또한 칸트철학을 근거로 양심논의를 하면서 '양심의 착오'문제를 주장하는 임미원 교수의 입장과도 구별하기 위해 '상대주의 양심론'이라고 표현하고 있음을 밝혀 둔다.[5] '양심인가, 아닌가'의 문제에서 내용심사를 배제하고 '양심의 착오'문제에 반대하는 입장이 상대주의적 양심론이다. 양심은 각 주체가 지니는 도덕관으로 이것을 평가할 객관적 진리치가 없다는 차원에서 상대적으로 각 주체는 자신의 양심의 내용이 자신의 삶에서 가장 규범적으로 우월한 것이라고 판단한다는 차원에서 '상대주의'라고 하는 것이다.

또한 그 사회의 양심개념은 지속적으로 변화와 설득의 과정을 갖는 절대적 진리가 아닌 상대적 타당성을 갖는 것이라는 입장에서 '상대주의'라고 한다.

제2절 양심 개념구성의 방법과 범위

어떻게 '양심의 개념'을 우리 사회에 적합하게 구성할 수

4) 이재승, "인권의 기초개념으로서 양심," 국민대 법학논총 제14권, 2002.
5) 임미원, "양심과 자율," 법철학연구, 제5권 1호, 2002.

있으며, 이를 통해 구성된 개념으로 사회를 설득할 수 있을까? 우리 사회에 적합한 개념을 구성하기 위해서는 우리 사회에 대한 정치적·법적·관습적 문제의식을 인식하는 것을 기초로 해야 할 것이다. 또한 우리말을 사용하는 언어 공동체의 '양심'이란 단어의 의미도 알아야 하고, 전통적 문화적 배경에 관한 인식도 전제되어야 한다.

우리말을 모국어로 하는 언어공동체 안에서 '양심'이란 단어가 어떻게 쓰이는지 그 의미와 규칙을 발견하는 것만으로 진정한 의미의 '양심'의 개념을 구성할 수는 없지만, 이것의 중요성 역시 간과되어서는 안 된다. 이와 같이 구성된 양심 개념은 우리 사회의 문화적·법적·정치적 특수성을 고려한 것으로 이 개념이 다른 사회, 예컨대 인도사회, 미국사회 등에도 적용될 수 있다고 보장할 수는 없다.

그러나 양심의 내용적 객관성을 인정하지 않는다고 해서 아무런 기준 없이 양심의 개념을 구성하겠다는 것은 아니다. 특히 자신의 깜냥에서 나온 선입견이나 편견을 가지고 어떤 정의를 내리는 것은 피하고자 한다. 하나의 예를 검토하여 보자. 뇌사문제를 다루면서 "뇌사설은 서양적이고 심장사설은 동양적이다. 뇌사설은 기독교적이고 심장설은 유교적이다 … (중략) … 그러므로 뇌사설에 대한 이해는 타인의 생명을 구하기 위한 적극적 사랑의 실천이라는 서양의 기독교적 전통에 대한 이해 없이는 어렵다"[6]라고 설명하는 것이 그러한 것인데, '동양적', '서

---

6) 배종대, 『형법각론』(홍문사, 1999), 51면.

양적'이라는 표현은 신중한 검토가 필요하다. 예를 들어 인도는 동양인가? 서양인가? 이스라엘은? 또한 카톨릭 교단은 낙태와 같은 생명문제에 보수적인 입장이고 뇌사문제 역시 예외는 아니다. 오히려 불교가 뇌사문제에 있어서는 적극적인 찬성의 입장을 보이고 있다. 그렇다면 불교는 서양종교라고 정의해야 할까? 아니면 카톨릭은 기독교가 아닌가? 개신교 교단들도 뇌사를 인정하는 입장에 통일된 견해를 제시하지 않고 있다. 이처럼 공통으로 승인하는 개념이 아닌 자신의 특수한 입장(아마도 편견이나 선입견에서 비롯된, 학문적 검증 없이 주장하는)에서 사용하는 단어의 의미를 강요하는 것은 개념을 구성하는 것은 아닐 것이다. 그렇다면, 양심과 같은 개념을 설명하기 위한 준거점은 어떻게 설정할 수 있을까? 다음의 내용이 그 준거가 될 수 있을 것이다.

> ① 청중의 관심에 부응할 것: 청중이 듣고 싶어하는 것에 대해 답변을 해야 할 것이다. 이미 다들 알고 있는 것 혹은 들을 필요가 없는 것에 대해 설명한들 청중은 들으려고 하지 않을 것이다.
>
> ② 쉽고 경제적일 것: 청중이나 독자가 수준이 너무 떨어져 반드시 알아야 할 것에 대해 설명하는 데 문제가 있다면 그 설명은 그들에게 어려울 수 있을 것이며, 어쩔 수 없다고 해야 할 것이다. 즉 어려울 수밖에 없는 설명이 있다는 점이다. 그러나 쉽게 설명할 수 있는 것을 어렵게 설명하는 것은 결코 좋은 설명일 수가 없다. 또한 간단히 설명할 수 있는 것을 복잡하게 설명하는 것은 잘못이다. 후자를 설명의 경제성이라고 부를 수 있을 것이다.
>
> ③ 상식과 부합할 것: 개념설명이 상식 혹은 일상적인 용례(common usage)에서 벗어날 때 청중을 납득시키기 어려울 것이다.

④ 올바른 기준을 제시할 것: 예를 들어 "법이란 무엇인가?"에 대해 설명할 때, 법과 법이 아닌 것(Law/Non-Law)에 대한 명확하고 용인할 수 있는 구별을 제시해 준다면 그 설명은 좋다고 말할 수 있을 것이다.

⑤ 본질적인 면을 해명할 것: 어떤 개념을 설명할 때 그 개념이 가진 본질적인 면을 드러내 주는 것이 중요하다. 덜 본질적인 면 혹은 사소한 면을 부각시켜 그 개념의 본질을 흐리는 설명은 타당하다고 할 수 없다.

⑥ 시대정신, 정치적 이상, 법체계의 이상과 부합할 것: 예를 들어 법은 주권자의 명령이라는 설명은 수범자인 국민을 명령에 복종해야 할 자로 보게 된다. 따라서 이러한 설명은 민주주의의 이상에 부합하지 않는다고 말할 수 있을 것이다.[7)]

필자는 위와 같은 준거의 틀을 바탕으로 양심의 개념을 구성하고자 한다. 양심의 개념은 첫째 자발적인 도덕의식으로서의 양심이라는 측면에서 양심과 자발성에 대해, 또 양심의 판단 그리고 지배적 규범의 이율배반에 대해 검토하고자 한다. 둘째로 주관적 도덕으로서의 양심을 고찰하고자 한다. 여기서는 도덕적 판단의 주관성과 양심을 검토하고 양심의 착오에 대해 설명할 것이다.

이렇게 양심의 개념을 구성하고 나면, 이 양심의 자유의 보장과 제한을 다루고자 한다. 먼저 양심의 자유의 제한을 논의하기에 앞서 그 보장 원리를 설명한 후 양심의 자유의 제한요건을 제시하고자 한다. 양심의 자유의 보장에서는 양심의 자유의

---

7) 최봉철, "법적 권리의 개념에 관한 연구," 법철학연구 제6권 제1호, 2003, 52-54면.

법적 지위를 인식하고 다른 기본권과의 충돌에서 우의를 점하는 이유를 설명하고 다원적 평등이라는 보장원리를 제시하였다. 양심의 자유의 제한은 첫째 타인의 온전함(Einfaltungsfreiheit)에 대한 자유이다. 이는 자신의 자유의 실현을 위하여 타인의 온전함을 침해할 수 없다는 내용을 중심으로 구성된다. 둘째는 선택의 여지가 없어야 한다는 것인데 가령 어떤 의사가 낙태는 살인이라는 양심상의 이유로 위급한 임산부에게 낙태시술을 하지 않아 사망에 이르게 한 경우, 응급조치도 할 수 없고 연락도 불가능하고 구조요청도 할 수 없는 경우에만 양심의 자유를 인정하고 기대가능성의 문제로 형법상 책임의 영역에서 논의할 수 있다는 주장을 하였다. 셋째 상호주의에 따른 양심으로, 부모의 양심에 따라 아직 주관이 형성되지 않은 어린이의 치료나 수혈을 거부할 수 있는가의 문제에서 이것이 제한되는 근거를 밝혔다. 끝으로 위에서 검토한 내용을 적용하여 사례를 구성하고 이에 따라 필자의 양심론을 마무리하고자 한다.

제2장

양심의 개념

제1절 개념구성의 의의

'양심적 병역거부' 문제가 사회적으로 다양한 논의를 불러 일으키면서 관심은 많아졌으나 이에 대한 법학연구는 양적으로나 질적으로 그 요구에 비해 미흡하다고 할 수 있다. 양심에 관한 법학적 논의는 주로 헌법상 양심의 자유와 양심범과 관련된 논의들을 중심으로 이루어지고 있다.[8] 이러한 연구들은 주로 실정법상 양심적 거부의 문제를 다루고 있는데 이미 당해 사안이 양심의 문제라고 전제한 상태에서 논의를 전개하고 있으므로 '양심'의 본질에 대한 의문을 해결하기란 어려운 상황이다.

즉 "양심이란 무엇인가?"에 대한 고찰이 빠져 있다고 할 수 있다.[9] 예를 들어 "양심은 실재하는 것인가?" 혹은 "정립해야 하는 것인가?", "양심의 본질과 특성은 무엇인가?"와 같은 논제들이 간과되고 있는 것이다. 그저 양심의 자유는 중요하고

---

8) 단행본으로는 안경환・장복희 편, 『양심적 병역거부』(사람생각, 2002); 조국, 『양심과 사상의 자유를 위하여』(책세상, 2001) 논문으로는 손동권, "헌법상 양심범 처벌의 문제점," 안암법학, 1994; 박종보, "양심의 자유의 규범구조와 보호범위," 민주법학 통권 22호, 2002.

9) 현재 국내의 양심의 본질과 개념에 대한 연구로는 임미원, "양심과 자율," 법철학연구, 제5권 1호, 2002; 이재승, "인권의 기초개념으로서 양심," 국민대 법학논총 제14권, 2002.

또 보장되어야 한다는 당위적 주장과 사회적·정책적 논의가 되풀이되는 실정이다. 바로 이러한 점 때문에 한국사회에서 양심과 관련된 중요 논제를 사회의 특정 종교의 문제로 치부하는 등, 문제의 본질이 왜곡되는 현상이 발생한다고 생각한다. 실정법상의 양심적 거부의 정당화나 사회적 문제로서, 또 정책적 문제로서 양심문제를 다루기 위해서는 양심의 개념이 무엇인지 또 일상적으로 사용하는 양심이란 단어의 용례와 법의 영역에서 사용하는 양심은 어떻게 다른지에 대한 설명이 선행되어야 한다고 생각한다. 양심적 집총거부권에 대한 설명을 예로 살펴보자. 조국 교수는 한국에서 양심적 집총거부권 실현을 위한 몇 가지 점검사안이라는 부분에서 다음과 같은 주장을 편다.

> 양심적 집총거부권으로 인정할 수 있는 집총거부의 정도는 어디까지인가 하는 문제가 있다. 미국 연방대법원은 … 일체의 전쟁에 대한 거부를 의미하는 것으로 보고 있다. 이 입장에 따르면 (가상의) 대 일본전 참전은 거부하는데 (가상의) 남북한 전쟁은 참전하겠다고 하면 양심적 집총 거부자가 아니다. 반면 국제사면위원회는 특정 전쟁에 국한된 이른바 선택적 집총거부도 양심에 기초한 것이라면 인정하고 있다. 양심의 자유를 철저하게 보장한다는 관점에서는 후자가 타당하지만, 현 단계 우리나라의 현실을 고려할 때 선택적 집총거부도 인정하자는 주장은 수용되기 힘들다고 생각한다.[10]

먼저 조국 교수가 위의 주장을 하게 된 미국의 Gillette v. United States 사건에 대해 검토해 보도록 하겠다.[11] 연방대법원

---

10) 조국, 『양심과 사상의 자유를 위하여』(책세상, 2001), 70면.

은 1971년 두 개의 사건을 병합하여 다루었다. Gillette라는 젊은이가 군입대를 거부한 사건이다. 그는 신념상 유엔의 평화유지군으로 참전할 수는 있지만, 정의롭지 않은 베트남 전쟁이 진행되고 있는 동안에는 군대에 입대하지 않겠다고 하였다. 하급심은 그의 신념의 진정성을 인정하였지만 군복무자 선발법의 규정[12]을 위반했다는 이유로 정해진 형사상 처벌을 받아야 한다고 판결하였다. 또 다른 사건은 Negre라는 젊은이가 입대하여 기본적인 군사훈련을 종료한 후 베트남 전쟁에 참전할 것을 명령받았다. 그는 양심상의 이유로 자신에 대한 명령을 취소해 줄 것을 군당국에 신청하였지만 그의 신청은 받아들여지지 않았다. 그리하여 Negre는 법원에 소를 제기하였고, 법원은 그가 신념상 거부한다는 사실은 인정했지만 Gillette 사건과 동일한 이유로 그의 청구를 기각하였다.

이들 사건과 관련된 당시 미국법의 규정은 다음과 같다. 군복무자 선발법 456(j)는 종교교육과 종교적 신조(religious training and belief)에 의해 모든 형태의 전쟁에 참여하는 것을 양심상 반대하는 자에게 전투훈련과 전투참여를 요구하는 것으로 이 법이 해석되어서는 안 된다고 한다. 또한 동법 6(j)는 군에 입대하였다고 하더라도 동법 456(j)의 사유로 전투훈련과 전투참여를 거부한다면 군당국은 대통령령에 정한 비전투분과에서 일하도록 해야 하며, 만약 그것도 거부한다면 국민의 건강 · 안전 · 이익을 증진하는 민간인의 일을 하도록 해야 한다라고 규정하고 있다.

11) 401 U. S. 437; 91 s. Ct. 828; 28 L. Ed. 2d 168 (1971).

12) Military Selective Service Act of 1967, 50 U. S. C. App. §456(j).

그러나 한국에서 집총거부라는 말의 의미는 참전은 말할 것도 없이 훈련시 총을 잡는 것조차도 거부하는 것을 의미한다. 여호와의 증인 신도들은 훈련소에 입소한 경우 총을 잡지 않는 집총거부의 형태로 병역을 거부하고 있다. 살인 무기를 손에 대지도 않겠다는 뜻의 집총거부와 미국의 젊은이들이 행한 위의 참전거부는 분명 다른 차원의 문제이다. 이러한 집총거부의 의미에서 Gillette와 Negre는 둘 다 참전을 거부한 것이지 집총을 거부한 것은 아니다. 특히 Negre는 군사훈련을 수료했다. 다시 말해 이미 우리 사회에서 승인되어 사용하고 있는 '집총거부'라는 용어를 미국의 참전거부 사례를 통해 설명하면서 혼란을 야기한 것이다.

또한 위의 주장은 단어의 의미상의 문제 외에도 많은 문제를 가지고 있다. 조국 교수는 한국사회에서 선택적 집총거부는 양심적 집총거부로 인정되기 힘들다고 주장한다. 그러나 미국과 우리는 병역제도의 틀이 다르다. 미국 정부가 모병제가 아닌 징병제로 병력을 충당하는 경우는 베트남전과 같은 예외 상황이며 징병을 하더라도 위의 내용에서 보았듯이 미국은 대체복무를 인정하고 있다. 그럼에도 불구하고 특정 전쟁이 내용상 부정의하여 참전을 거부하는 것까지 양심적 거부로 인정할 경우 현실적으로 미국은 징병이 불가능할 것이다.[13] 살인무기를 잡는 것조차도 거부하는 집총거부와 특정 전쟁이 내용상 부정의 하기 때문에 참전을 거부하는 것은 분명 구별되어야 하며 후자는

13) 필자가 위의 미국 법원의 결정을 지지하는 것은 아님을 밝혀 둔다.

시민불복종의 문제로 다루는 것이 더 합리적이라고 생각한다.

이러한 문제는 롤즈(John Rawls)의 논의를 살펴보면 더욱 분명해질 수 있다. 롤스는 시민불복종과 양심적 거부를 개념상 구분하고 있다. 롤스는 "시민불복종의 문제는 어느 정도 정의로운 국가 내에서 그 체제의 합법성을 인정하고 받아들이는 시민들에 있어서만 생겨난다. 문제는 의무들 간의 상충이다. 합법적인 다수자에 의해 제정된 법(혹은 이러한 다수자의 지지를 받는 행정법령)에 따라야 할 의무는 각자의 자유를 방어할 권리와 부정의에 반대할 의무에 비추어 볼 때 어느 정도의 지점에서 그 구속력을 상실할 것인가? 이런 문제는 다수결 원칙의 성격 및 한계와 관련된 것이다. 이런 이유로 해서 시민불복종의 문제는 민주주의의 도덕적인 기초에 관한 어떤 이론들에 대한 중요한 테스트 케이스가 된다"라고 하였다.[14] 또한 시민불복종을 "법이나 정부의 정책에 변혁을 가져올 목적으로 행해지는, 공공적이고 비폭력적이며 양심적이긴 하지만 법에 반하는 정치적 행위"라고 정의하고 있다.[15]

롤즈는 시민불복종과 양심적 거부를 다음과 같이 구분한다. 첫째 양심적 거부는 다수자의 정의감에 호소하는 청원의 형식이 아니다. 둘째 양심적 거부는 반드시 정치적 원칙에 그 바탕을 두는 것은 아니며 그것은 법질서와 상반되는 종교적 원리나 혹은 다른 어떤 원리에 기초할 수도 있다. 시민불복종은 공통적으로 공유하고 있는 정의관에의 호소인 데 반해서 양심적인 거

---

14) 존 롤즈/ 황경식 역, 『정의론』(이학사, 2003), 474면.

15) 존 롤즈, 위의 책, 475면.

부는 다른 근거를 가질 수 있다.[16)]

다시 말해 베트남전이 부정의한 전쟁이라는 것을 미국 사회의 공통의 정의관 혹은 실증도덕에 호소하면서 그 참전을 거부하는 것은 '양심적 거부'보다 '시민불복종'에 가깝다. 또한 Gillette와 Negre의 참전거부를 양심적 거부의 문제로 다룬다고 하더라도 이들에 관한 사법처리 여부와 이들의 행위가 양심에 근거한 것인가 여부는 별개의 문제로 논의를 분리하여야 한다.

조국 교수는 양심적 거부의 개념문제를 논의하면서 이 거부행위에 대한 사법처리 여부, 그리고 당해 사회가 이를 용인할 것인가 여부까지 동시에 다루고자 시도함으로써 혼란을 초래한 것으로 판단된다. 뒤에 더 자세히 논의하겠지만 거부가 '선택적인가 아닌가'와 당해 '거부가 양심에 근거한 것인가 아닌가'의 문제는 다른 문제이다.

이러한 미국의 현실상의 고려에서 나온 판결을 근거로 상황이 전혀 다른 한국의 문제를 논의하면서 선택적 거부는 인정할 수 없다고 한 것은 문제가 있다고 할 수 있다. 쉽게 말해 징병제 하에서 대체복무제가 시행되지 않는 한국의 상황에서는 '선택적'이라는 말 자체가 의미가 없다고 할 것이다. 한국에서는 대체복무제를 시행하는 것으로 양심적 병역거부 문제가 해결될 수 있고, 문제는 이 대체복무제를 어떤 내용으로 어떻게 시행하는가에 쟁점이 있다고 할 수 있겠다.[17)] 결국 양심적 거부의 인

---

16) 존 롤즈, 위의 책, 481-482면.

17) 문제의 본질은 다음과 같다. 종교상의 이유로 집총 거부하는 이유는 살인 무기를 가지고 살인 연습을 할 수 없다는 것인데, 당해 전쟁이 도

정범위에 대해 논의하면서 '선택적'이라는 말은 한국사회의 점검사안이 아니라 불필요사안이다.

또한 '양심인가' '아닌가'의 문제는 반대세력을 의식해서 타협할 수 있는 차원의 문제가 아니다. 가령 미국의 베트남전에 대한 반전 운동을 했던 하워드 진[18]은 제2차 세계대전에 참전했던 사람이다. 그렇다면 이 사람의 반전 운동은 양심적인가? 아닌가? 문제는 당해 사안이 양심의 영역에서 논의될 성질의 것이냐 아니냐의 문제라는 것이다. 즉 '양심은 무엇인가'에 대한 검토가 전제된 후 당해 사안이 양심의 문제에 해당하는가를 판단해야할 일이지, 선택적인 거부를 인정하느냐 하지 않느냐의 문제가 아닌 것이다. 하워드 진의 경우처럼 전쟁에 참가할 때는 자신의 양심에 비추어 정당한 행위라고 판단하였으나 전쟁을 겪은 후 그의 양심은 내용적 변화를 갖는다. 그리하여 베트남전에 반대하게 되는 것이다. 결과적으로 그는 전쟁에 참전했지만

덕적인 것이든 아니든 그 내용의 평가와 별개인 것이다. 대체복무가 가능해서 인도적 차원에서 야전병원에서 인명을 구하는 임무를 수행할 수 있다면 이들은 기꺼이 임무를 수행할 것이다. 그러나 미국의 사례에서 당해 젊은이들은 베트남전이 부정의한 전쟁이므로 참전할 수 없다는 것이다. 즉 정의로운 전쟁이라면 전투병으로 참전하겠다는 것이다. 이러한 경우는 오히려 양심적 거부의 문제라기보다 시민불복종의 문제로 보아야 한다.

18) 하워드 진(Howard Zinn, 1922-): 노암촘스키와 함께 '실천적 지식인'의 표상으로 일컬어짐. 제2차 세계대전에 폭격수로 참전하였고, 컬럼비아 대학에서 역사학 박사학위를 취득하고 스펠먼 대학과 보스턴 대학의 교수를 역임하였다. 저서로는 『불복종과 민주주의』(1968), 『미국 민중사』(1980) 등이 있다.

후에 모든 전쟁에 대한 반대로 변화한다. 이러한 경우 양심적 거부에 대한 판단에 있어서 '선택적 거부인가', '모든 전쟁에 대한 반대인가'를 결정할 때, 그가 참전한 사실로 인해 선택적 거부자가 되고, 선택적 거부는 양심적 거부가 아니므로 그의 거부는 양심적 거부가 아니다 라고 한다면 모순이 될 것이다. 전술한 바와 같이 개념은 고정불변의 것이 아니며 유기체처럼 관계적으로 존재하며 생(生)·멸(滅) 변화를 갖는다.

그러나 선택적 거부이든 모든 전쟁에 대한 거부이든 당해 사안이 양심의 문제에 해당하면 양심의 문제로 다뤄야 하며, 그렇지 않다면 양심을 거론할 이유조차 없는 것이다. 양심적 행위이기는 하지만 제한될 수는 있다. 그렇다고 개념상 양심에 해당하는 것을 양심이 아니라고 말할 수는 없다. 물론 한국의 현실상 양심적 집총거부권의 인정을 위해 현실적인 고려를 해야 한다는 취지는 이해할 수 있다. 즉 조국 교수의 취지는 양심적 병역거부를 한국사회에서 인정받기에는 그 반대가 강하게 나타나는데 선택적 거부까지 포함하면 현실상 실현이 불가능하다. 그러므로 선택적 거부는 양심적 거부가 아니라고 해야 반대세력을 설득할 수 있을 것이라는 것이다. 그러나 실재로 양심의 자유를 보장하기 위해 집총거부자 중 양심적 거부자를 가려내는 심사를 한다고 가정해 보자. 피심사자에게 "대 일본전에 참전하겠습니까?", "남·북한 전쟁에 참전하겠습니까?"라는 질문을 한다는 것인가?

양심적 거부행위는 구체적인 사안에서 발생한다. 가령 입영대상자가 입영일에 입영을 거부했다. 이 자의 거부행위는 양심에 따른 것인가 아닌가를 심사한다고 해보자. 만일 실정법 체계가 선택적 거부를 인정하지 않는다는 것을 이 자가 알고 있다면 또 이 자가 양심적 거부의 정당화를 반대하는 사람들의 주장처럼 군복무 기피를 양심적 거부로 위장하고 있다면, 스스로 선택적 거부자임을 밝히겠는가? 따라서 구체적 사안에서 양심적 거부인가 아닌가를 판단하는 데 선택적인가 아닌가는 의미가 없다는 것이다. 또한 반대 세력의 비판을 의식해 양심적 거부의 정당화를 위해 양심인가 아닌가의 판단을 위한 준거를 협상하고 타협하는 것은 있을 수 없는 것이다. 다시 말해 개념의 준거를 비판자와 타협할 수는 없다는 것이다.

이러한 주장은 양심에 기인한 것이 아닌 군복무 회피목적의 군기피자들을 우려하고 양심적 집총거부권을 인정할 경우 군복무 기피현상을 조장할 것이라는 사회의 지배적 비판을 의식한 강박관념의 소산일 것이다. 이러한 양심에 관한 한국적 난센스의 원인은 양심의 개념에 대한 검토 없이 그 자유의 인정여부를 상당한 반대세력에 대한 강박관념을 가지고 성급하게 다루기 때문이다. 대체복무를 보장하는 미국에서 그 대체복무마저도 거부하는 것을 용인할 수 없는 현실과 한국의 현실을 평행선상에 놓고 비교하거나 미국에서 의미 있는 것은 한국에서도 점검해야 한다는 인식은 문제가 있다고 하겠다. 이러한 이유에서 양심의 개념구성은 양심에 관한 논의에 선행되어야 하는 것이다.

제2절 양심 개념의 구성방법

우리는 '양심'이라는 단어를 사용하여 의사 소통하는 데 있어, 불편을 느끼지는 않는다. 단어란 하트가 『법의 개념』에서 주장하는 것과 같이 개방구조를 지녔다고 할 수 있을 것이다. 하트는 탈 것(vehicle)을 공원에 들어올 수 없다는 규칙에서 탈 것에는 승용차, 트럭 등이 포함됨은 분명하지만, 자전거, 롤러 스케이트 등은 포함될 수도 있고 포함되지 않을 수도 있다고 보았다.[19] 즉 그는 단어의 외연은 신축적이기는 하지만, 적어도 일종의 핵심적 혹은 공통적 의미를 가지고 있다고 보았다. 양심의 개념을 논의함에도 이러한 면이 간과해서는 안 될 것이다. 분명 우리는 '양심'이라는 어휘를 사용하여 의사소통을 하고 있으며, 그 배경엔 공통의 의미가 일정 부분 존재하고 있다고 보아야 할 것이다.

그러나 개념의 구성이 통용되는 단어의 의미를 아는 것으로 마무리된다고 볼 수는 없다. 라즈는 "우리는 특별한 단어나 구문으로 치환될 수 없는 개념이나 이념을 단어들로 표현한다"라고 하여, 단어의 의미를 아는 것과 개념을 아는 것이 동일할 수 없다고 지적한다.[20] 우리는 양심이라는 단어 속에 양심의 개

19) 허버트 하트 / 오병선 역, 『법의 개념』(아카넷, 2001), 167-168면.

20) Joseph Raz, "Two Views of the Nature of the Theory of Law," Hart's Postscript (N.Y.: Oxford Univ. Press, 2001), 8면.

념을 담으려고 하는 것이며, 양심이란 단어의 의미를 아는 것으로 양심의 개념을 알았다고 말할 수는 없다. 개념은 단어의 의미를 초과한다고 보아야 할 것이다.

적절한 개념이 되기 위해서는 라즈가 지적하듯이 청중의 흥미를 자아내야 할 것이며, 청중이 이해할 수 있어야 할 것이다.[21] 그렇다면 청중은 어떤 개념설명에 대해 왜 흥미를 느낄까? 그것은 청중이 그 설명의 중요성을 인정하기 때문일 것이며, 이를 다른 말로 표현한다면 개념의 본질적인 면을 설명하고 있다고 보기 때문일 것이다.[22] 더불어 필자는 양심에 대한 보편적인 개념정의가 존재한다고 보지는 않는다. 예를 들어 우리는 재산형성이 아무리 투명하다고 할지라도 축재에 많은 시간과 노력을 투자한 것을 고위공직자가 되는 데 흠으로 생각한다. 반면에 일본은 적법적으로 재산을 형성하였다고 한다면 더 이상 문제될 것은 없고 오히려 능력 있는 사람으로 인정받는다고 한다. 이런 예를 볼 때 양심에 대한 보편적인 정의를 획득하려는 것은 불가능할 것이며, 문화적 맥락에서 양심 개념을 정립하려는 노력만이 가능하며 의의를 가질 것이다.

---

21) 위의 논문, 12면.

22) 위의 논문, 7-9면.

제3절 양심의 개념

Ⅰ. 객관주의 양심론

서론에서 문제제기를 하면서 필자는 객관주의 양심론을 비판하는 입장을 취한다고 주장하였다. 객관주의 양심론이란 다음의 내용과 같은 주장을 일컫는다.

> 양심이란 자기의 행동이나 의도 등에 대하여 가지는 개인의 內的인 옳다는 생각 또는 內的인 죄책감을 중심적인 요소로 하고 있다. 그리고 옳다 혹은 그르다의 생각이나 인식이 순전히 개인의 주관적인 믿음이나 생각이나 인식만으로 이루어졌다고 하는 경우에 그것이 양심이라 하기는 힘들 것이라고 생각된다. 왜냐하면 순전히 주관적인 옳다 그르다의 믿음이나 생각 또는 인식이란 편견이나 악일 수도 있는 까닭이다. 그러므로 양심은 그 자체 고차적인 客觀的 준거(예컨대 하느님의 명령 또는 생명의 존중 등)에 비추어 본 나의 행동이나 의도 등에 대하여 가지는 옳다 또는 그르다의 믿음이나 생각 또는 인식일 수밖에 없다.[23)]

헤겔의 양심론은 뒤에 상세히 비판하겠지만 위의 내용처럼 객관주의 양심론은 양심의 내용의 진리성과 객관적 준거를 주

---

23) 최대권, “양심의 자유와 사죄광고,” 서울대 법학 제39권 3호, 1998, 5-6면: 최대권 교수는 헤겔의 말을 인용하면서 객관주의 양심론을 주장하였다.

장하는 헤겔의 입장을 따르는 것이다. 따라서 이 객관주의 양심론은 파렴치한 범죄자에게는 왜 이 객관적 양심이 존재하지 않았는지 혹은 반인륜적 행위자에게는 양심이 존재하지 않는 것인지 등을 설명하기 어렵다는 비판에 직면하게 된다. 이로 인해 양심의 착오를 설명하게 된다. 토마스 아퀴나스는 양심현상을 synderesis와 conscientia로 구별한다. synderesis를 우리 이성이 타고난 것으로서 바로 최상의 자연법 명제를 인식할 수 있는 능력이라고 설명하고, conscientia는 이 최상의 원칙을 개별적인 사례에 적용하는 것을 돕는 것으로 설명한다.[24] 이 conscientia가 착오를 일으킬 수 있는 것이다.[25] 양심을 객관주의・주관주의로 나누는 것을 인식하지 못하는 대중적 논의에 있어서도, 예를 들어 대중매체에서의 토론과 같은 경우에도 위의 내용의 입장에서 양심을 서술하는 것은 객관주의 입장에 있다고 할 수 있다. 필자는 이러한 객관주의 양심론을 비판하고 있는 것이다.

헌법재판소는 "양심은 옳고 그른 것에 대한 판단을 추구하는 가치적・도덕적 마음가짐으로, 개인의 소신에 따른 다양성이 보장되어야 하고 그 형성과 변경에 외부적 개입과 억압에 의한 강요가 있어서는 아니 되는 인간의 윤리적 내심영역이다"라고 판시했다.[26] 또한 "헌법상 보호되는 양심은 어떤 일의 옳고 그

---

24) 한스 벨첼 저 / 박은정 역, 『자연법과 실질적 정의』(삼영사, 2001), 97면 재인용.

25) 이러한 '양심의 착오'와 같은 객관주의 양심론의 문제점은 뒤에 상세히 비판하고 있다.

26) 헌재 2002. 1. 31 - 2001헌마43.

름을 판단함에 있어서 그렇게 행동하지 아니하고는 자신의 인격적인 존재가치가 허물어지고 말 것이라는 강력하고 진지한 마음의 소리로서 절박하고 구체적인 양심을 말한다. 즉, 양심상의 결정이란 선과 악의 기준에 따른 모든 진지한 윤리적 결정으로서 구체적인 상황에서 개인이 이러한 결정을 자신을 구속하고 무조건적으로 따라야 하는 것으로 받아들이기 때문에 양심상의 심각한 갈등이 없이는 그에 반하여 행동할 수 없는 것을 말한다. 양심의 자유에서 현실적으로 문제가 되는 것은 사회적 다수의 양심이 아니라, 국가의 법질서나 사회의 도덕률에서 벗어나려는 소수의 양심이다"라고 했다.[27]

이러한 헌법재판소 판례를 통해 보면, 헌법재판소의 입장은 '주관주의 양심론'의 입장을 취하고 있다고 할 수 있다. 따라서 우리의 헌정 질서에서 '양심적 거부'를 인정할 수 있는 '양심'에 관한 법이론적 근거는 역설적으로 헌법재판소에 의해 마련되었다고 할 수 있다. 그러나 헌재와 대법원은 '양심적 병역거부자'에 대해서는 그 청구를 용인한 경우가 없다.[28] 동일한 판례에서 양심의 개념은 주관주의를 따르면서도 양심적 병역거부는 용인할 수 없다는 것은 모순이다. 이것은 양심개념과 그 적용 사이의 논리일관성을 헌재 스스로 유지하지 못하는 것으로 비판의 대상이 될 수 있다.

27) 헌재 2004. 8. 26. - 2002헌가1.

28) 헌재 2004. 8. 26. - 2002헌가1, 대법원 2004.7.15. - 2004도2965.

Ⅱ. 자발적인 도덕의식으로서의 양심

1. 양심과 자발성

하트는 우리의 언어생활 속에 하지 않을 수 없다(being obliged to)와 할 의무가 있다(having an obligation to)의 구별이 존재하고 있다고 지적한다.[29] 강도의 요구에 응하여 돈을 교부한 대부분의 경우에는 피해자가 의무감에서 이를 행했던 것은 아닐 것이며, 마지못해, 즉 하지 않을 수 없기 때문에 그와 같이 행동했던 것이다. 양심적 행위란 적어도 마지못해 하는 행위는 아닐 것이며, 어떤 의무감에서 행한 행위일 것이다. 이와 같은 하트의 주장을 생각해 볼 때, 양심적 행위란 마지못해 하는 행위의 대척점에 자리잡고 있을 것이다. 즉 강한 의미에서 자발적인 행위라고 할 수 있다. 독일의 윤리학자 라이너(Hans Reiner)는 자유의 핵심적인 요소로 자발성을 든다.[30] 라이너의 주장처럼 자발성에 기초한 행위, 즉 내적인 제한 및 외적인 제한에 구속받지 않는 행위만을 자유롭다고 할 수 있다. 명예욕이나 물욕과 같은 내적인 욕구, 압력이나 위협과 같은 외적인 제한으로부터 구속받지 않는 결정이나 행위는 자유로운 것이다.

따라서 양심적인 행위는 지극히 자유로운 행위라고 할 수

29) 허버트 하트, 앞의 책, 109면.

30) 한스 라이너 / 이석호 역, 『철학적 윤리학』(철학과 현실사, 1999), 54면.

있다. 양심적인 행위는 자유로운 행위라는 점에서 도덕적인 칭송을 받을 만하다. 그러나 도덕과 법의 필요성과 그것을 지킬 의무가 인정되는 이상 양심적인 행위라도 비난받을 수 있다. 이렇게 볼 때 양심적인 행위는 도덕적으로 칭송받을 만하지만, 도덕적으로 비난받을 만하다는 역설이 성립된다.

독일의 논리실증주의자인 슐리크(Moritz Schlick)는 '내가 어떤 것을 해야 한다'는 말은 '다른 사람이 내가 그것을 하기를 원한다'에 다름 아니라고 본다. 즉 개인의 도덕적 의무의 입법자는 사회라는 것이다.[31] 이렇게 하여 도덕의 입법자를 사회로 한정하게 된다면, 양심의 역설은 풀린다. 그러나 개인의 도덕의식의 주체를 도덕의 입법자를 사회로 여기는 사회화된 자아 외에 다른 주체가 있다는 것을 인정한다면 이와 같은 주장은 승인하기 어렵다. 프로이트 등 정신분석학적인 관점에서는 왜 사회화된 자아의 판단이나 명령이 우선되어야 하는가는 의문의 대상일 뿐이며, 그것은 확고한 명제가 아니다. 양심적 행위와 사회도덕의 준수의무의 이율배반(antinomy)은 분열된 주체(divided subject)라는 정신분석학적인 관념을 끌어들일 때 문제가 더욱 복잡해질 것이다.

31) 위의 책, 121면.

2. 양심의 판단과 지배적 규범의 이율배반

(1) 양심적 판단과 지배적 규범 간의 이율배반의 예

예를 들어 "살인을 해서는 안 된다"를 절대적인 도덕으로 받아들이는 사람은 국가가 참전명령을 내렸을 때, 이율배반의 상태에 빠질 것이다. 국가의 명령에 따르기 위해서는 자신이 지녀 온 자발적인 가치판단을 포기해야 할 것이며, 자신의 자발적인 가치판단을 수호하기 위해서는 법적 의무를 위반해야 할 것이다.

(2) 양심적 판단의 도덕적인 지위

이미 말했지만, "살인을 해서는 안 된다"는 자기자신의 도덕적 결정에 따르려고 하는 것은 어떤 의미에서는 정당화될 수 있으며, 도덕적으로 칭송 받을 만하다. 어떤 사람이 도덕적인 사람이라고 할 경우 두 가지의 판단기준에 비추어 그렇다고 말하는 것이다. 첫째, 도덕적인 요구를 실천하는 사람을 도덕적인 사람이라고 말할 수 있다. 즉 사회에 도덕규범이 존재한다면, 그에 순응하는 태도를 가진 사람은 도덕적인 사람이 된다. 둘째, 자기실천적인 도덕관을 가진 사람을 도덕적이라고 할 수 있다. 자율적으로 판단을 내리며, 혹은 라이너의 용어로 말한다면 자발적으로 판단을 내리며, 그에 따라 삶을 영위해 가는 사람을 도덕적이라고 부를 수 있다.

푸코와 같은 학자는 이 두 도덕관을 각각 규범준수의 도덕관과 자기실천의 도덕관이라는 용어로 대비하였다. 그는 "규범

준수의 도덕관은 이제 사라지고 있으며, 아니 이미 사라졌는지도 모른다. 이제 우리의 대응은 존재의 미학이라고 불리는 윤리관에 대한 탐색일 것이다"라고 주장한다.[32] 푸코는 후자의 도덕관의 근원을 그리스 사회에서 찾으며, 이는 도덕적 실천의 목적을 자신의 삶을 아름답게 가꾸는 데 두며, 이러한 목적의식에 따라 살아 나가는 삶을 도덕적이라 부르는 것이다. 그는 또한 전자의 도덕관, 즉 규범준수의 도덕관은 서구를 기준으로 할 때 13세기 이후 자리잡은 도덕관이라고 한다.

푸코의 주장처럼 자기실천의 도덕관이 위축되어 가고 있는지 혹은 이미 소멸되었는지 알기는 힘들다. 특히 우리나라를 대상으로 할 때, 두 가지 도덕관 중 무엇이 우세하다고 말하기 어렵다. 자신의 양심에 근거하여 참전을 거부하는 행위에 대해 규범준수의 도덕관에 비중을 두어 판단한다면 그 행위는 가히 도덕적이라고 할 수 없다고 말할 것이며, 자기실천의 도덕관에 비중이 놓인다면 그 행위는 도덕적으로 올바르다고 말할 수 있을 것이다. 과연 우리의 도덕의식이 어느 것을 지지하는지는 확연하지 않은 듯하다.

(3) 양심과 법을 준수할 도덕적 의무

자신의 양심을 이유로 법적 의무를 거부하는 경우 법을 준수할 의무를 위반했다고 비난받을 수 있다. 즉 "당신은 대한민

---

32) Michel Foucault, "An Aesthetics of Existence," Sylvére Lotringer 편, John Johnston 역, Foucault Live: Interviews 1966-1984 (New York: Semiotexte, 1989), 311면.

국인으로서 법을 지킬 의무가 있는데 법을 어겼으므로 법적 비난을 받아야 함은 물론, 당신의 행위가 도덕적으로도 떳떳한 행위라고 말할 수 없다"고 사람들이 말할 수 있다는 것이다. 이와 같이 예상되는 도덕적인 비난에 대해 검토해 보기로 한다. 오히려 어떤 행위가 도덕적으로 떳떳한 행위라고 인정될 수 있다면, 도덕적으로 떳떳한 행위에 대해 법적으로 비난한다는 것은 문제의 소지가 있다고 할 것이다.

우선 법을 준수할 도덕적 의무(법준수 의무)라는 것에 대해 생각해 보기로 한다. 첫째 법을 준수할 도덕적인 의무가 절대적인 의무인가에 대해 살펴보기로 한다. 예를 들어 교통사고를 당한 사람의 생명을 구하기 위해 마침 그곳에서 운전 중인 의사가 병원으로 후송하기 위해 규정속도를 위반하였다고 하자. 이러한 상황에서도 규정속도를 준수할 법적 의무가 있다고 말할 수 있을까? 그와 같이 주장할 수는 없을 것이다. 이렇게 볼 때 어떤 상황일지라도 법은 지켜야 한다고 말할 수는 없을 것이다. 법준수의무에 대한 학설에서도 법을 준수할 도덕적 의무를 절대적인 의무로 보는 학설은 존재하지 않으며, 대략 법철학자들은 이 의무는 일응(prima facie)의 의무라고 본다.

일응의 준수의무란 '특단의 사정이 없다면 준수해야 한다' 혹은 '달리 도덕적으로 더 강한 이유가 없다면 준수해야 한다'는 것을 의미한다. 따라서 양심적 판단에 따르는 것이 도덕적으로 강력한 이유를 제시하는 것으로 본다면, 실정법을 준수하지 않는다고 하여 도덕적으로 비난받지는 않을 것이다. 문제는 양심에 따랐다는 사실에 대해 어느 정도의 도덕적인 가치를 부여할 것인가이다. '단순히 어떤 행동이 나의 자발적인 판단에 따른 행위라는 것'을 입증하기만 한다면 법준수의무가 면제될 수 있는가, 혹은 양심적 판단이라고 하더라도 법준수의무를 면제해줄 만한 사유가 되지 않는다고 보아야 할 것인가? 필자가 취하는 입장은 양심적 판단이라는 이유만으로 법을 준수할 의무로부터 면제되지는 않지만, 일정한 요건을 구비한 양심적 판단이라면 그 행위는 도덕적인 우월성을 갖는다는 것이다.

둘째, 도덕적인 우월성을 가지는 행위에 대해 법적 비난을 가할 수 있을까? 소포클레스의 비극 안티고네의 경우를 보자. 안티고네가 자신의 도시를 공격한 적장이자 자신의 오빠를 매장하겠다는 결정은 양심적인 판단이라고 생각할 수 있다. 안티고네는 "그가 누구이든 사자(死者)는 매장되어야 한다"는 규범은 사후세계를 관할하는 헤이데스(Hades) 신의 명령으로 이는 준수되어야 한다고 진지하게 확신하고 있었으며, 이 명령을 준수하는 데는 외부적인 장애가 있다는 사실도 인식하고 있었다. 즉 자신이 살고 있는 도시인 테베의 왕인 크레온이 적장인 자신의 오빠를 매장해서는 안 된다는 명령을 내렸기 때문이다. 그럼에도 불구하고 그녀는 진지한 내심의 소리에 따랐던 것이다.

체포된 안티고네는 동굴에 갇혀 죽게 되는 형벌을 받게 된다. 즉 양심에 따른 행위라도 그것이 실정법에 반한다면 법에 정한 제재를 받아야 한다는 입장이다. 그녀가 동굴에 갇힌 후 얼마 되지 않아 크레온 왕은 후회하며 자신의 판단을 번복한다. 희곡에 등장하는 코러스의 판단이 대중적인 도덕을 표상하고 있는 것으로 여긴다면 크레온 왕의 법은 그리 대중적인 도덕에 부합하는 것은 아니었던 것 같다. 결국 크레온 왕은 자신의 결정에 대해 후회하며, 자신의 결정을 번복한다. 그러나 이미 때는 늦어 안티고네는 자결하며, 크레온 왕도 자신의 가족을 모두 잃게 된다. 이를 볼 때, 양심에 따른 결정은 그것이 무엇이든 간에 실정법과 배치될 경우 실정법에 의해 처벌되어야 한다는 입장은 문제가 있는 것 같다. 따라서 양심적 판단과 실정법과의 이율배반의 문제는 어느 한쪽이 전면적으로 우위를 점하게 되는 일방적인 해결은 옳지 않은 듯하며, 두 요구가 정합적으로 자리잡는 방향에서 해결되는 방향으로 선택이 이루어져야 한다고 생각한다.

Ⅲ. 주관적 도덕으로서의 양심

1. 도덕적 판단의 주관성과 양심

사실판단과 가치판단은 구별된다. 하워드 진은 "콜럼버스가 용감한 뱃사람이라는 사실은 인정하지만 … 그는 서구 문명의 못된 가치들 — 탐욕, 폭력, 착취, 인종차별, 정복, 위선(자신을 독실한 기독교인이라 주장) — 을 표상한다"라고 주장한다.[33] 또한

33) 하워드 진 / 유강은 역, 『달리는 기차 위에 중립은 없다』(도서출판 이후, 2002).

사람들은 "콜럼버스는 아라와크족(Arawaks)을 만난 최초의 백인 중 한 사람이다"라고 주장한다. 특정군사시설 출입시 권총휴대를 요구하는 규정에 따라 성직자가 권총을 휴대하는 것을 보고 경악하며 "성직자가 살상무기를 휴대할 수 있는가"라고 말하는 것과 "갑이라는 성직자는 무기휴대에 관한 규정을 준수한다"라고 말하는 것 간에는 분명 차이가 존재한다.

사실판단의 경우 그 판단이 사실과 부합하는지 여부를 검토함으로써 진위(眞僞)의 판단이 가능하다. 그러나 가치판단은 그것이 올바르다(right)거나 잘못이다(wrong)에 대해 판단하기 어렵다. 물론 가치판단은 도덕체계에 의존한다. 후자의 예에서 성직자는 세속적인 규정보다는 종교적 의무에 충실해야 한다는 입장을 취하는 도덕체계에 의거한다면 그는 권총을 휴대하지 말아야 할 것이다. 왜냐하면 성직자는 십계명이나 불살생계(不殺生戒)를 지켜야 하며, 실탄이 장전된 권총을 휴대하는 것은 살생의 위험을 발생시키기 때문이다. 이와 반대로 성직자라 하더라도 군인인 이상 호국의 임무에 충실해야 한다는 도덕체계에 따른다면 그는 권총휴대를 요구하는 규정에 충실해야 할 것이다.

미국의 법학자 풀러(Fuller)는 동굴탐사 대원들이 조난당한 상황을 설정하고 동료 중 한 사람을 희생시키지 않으면 대원 모두가 사망할 수밖에 없는 극한 상황에서 동료를 죽인 대원들을 살인죄로 처벌할 수 있는가를 묻는다.[34] 누가 살해되어 먹힐

34) Lon Fuller, "The case of the Speluncean Explorers," *The Problems of Jurisprudence*(Brooklyn: The Foundation Press, 1949), 2-27면.

것인가를 정하는 문제는 별론으로 하고, 과연 이러한 절박한 상황 하에서 어떤 결정을 하는 것이 옳은 것일까? 대원들이 양심에 따라 결정한다고 할 때 이들의 결정은 동일할 수 있을까? 가령 신의 뜻을 따르는 선한 결정을 하자고 한다면 이 객관적이고 선한 결정은 어떻게 알 수 있는 것일까? 그러나 분명한 것은 이들은 선하고 옳은 결정을 하게 될 것이라는 것이다. 아무도 희생시키지 않는 것이 양심적이고 누군가를 희생시키는 것은 비양심적이라고 단언할 수 있을까?

대원 중 누군가 한 사람이 희생되어 여러 명이 사는 것이 값진 일(공리의 원칙)이고 이 희생 역시 숭고하다고 주장하였을 때를 가정해 보자. 만일 객관적 선이 존재하고 이 선의 기준을 따른다면, 자신을 희생하여 다른 동료들을 구하겠다는 것이 아니라 우연히 그 희생자가 자신이 아니기를 바라는 입장으로 공리적 차원의 주장을 하는 것은 선한 행위가 아닐 수 있다. 즉 자신이 아닌 다른 누군가를 희생시켜 자신을 포함한 다수를 구하자고 주장하는 것은 선한 행위가 아닐 수 있다. 공리의 원칙에 동의한다고 해도 그 희생자가 자신이기를 바라는 경우는 극히 예외일 것이다. 객관적 양심을 전제할 때 자신이 자발적으로 희생하겠다고 주장하지 않으면 양심에 따르지 않는 자가 될 수 있다는 것이다.

이러한 주장을 따르면 현실상 예수나 석가모니와 같은 성인이나 특수한 사람을 제외하고 인간이 양심에 따른 행위를 할 가능성은 없기 때문에 양심의 자유는 특별한 예외 상황에서의 살신성인의 고매한 도덕적 자유가 될 것이다. 이처럼 양심에 따르는 행위를 숭고한 행위로 규정할 수는 없다고 생각한다. 존 호스퍼스는 양심은 우리에게 옳고 그른 것이 무엇인지 말해 주는 일종의 '내면의 소리'이고, 양심은 사람에 따라 천차만별이라고 한다.[35] 버트런드 러셀 역시 양심의 기원을 감안할 때 그것이 다양하게 표출되리라는 것은 뜻밖의 사실이 아니라고 한다.[36]

위의 사례에서 우리는 단일한 양심의 소리를 기대하기 어려울 듯하다. 그렇다면 시대나 상황에 따라 가치판단은 변하는가? 가토 히사다케는 그렇지 않다고 한다. 시대에 따라 가치관이 변해 왔다고 하나, 사실 그에 관한 예들을 검토해 보면 가치판단은 변하지 않았다는 것이다. 그 예로 백인에게만 인정되고 있던 선거권이 흑인에게까지 확장되었다라는 경우, '판단력을 가진 성인이라면 누구든지 당연히 선거권을 가져야 한다'는 가치 판단은 변하지 않았다.[37] '백인에게만 판단력을 인정한다'는 잘못된 인식이 '인종의 차이는 판단력과 무관하다'는 올바른 인식으로 변했을 뿐이라는 것이다.[38] 결국 양심의 문제는 구체적 상황에 직면하였을 때 발현되는데, 위의 사례의 경우 자신의

---

35) 존 호스퍼스 / 최용철 역, 『인간 행위의 탐구』(지성의 샘, 1996), 18-19면.

36) Bertrand Russell, Religion and Science (New York: Henry & Co., 1935), 237면.

37) 필자가 가치판단은 객관적일 수 없다고 전술한 것도 이러한 가치판단의 내용의 주관적 특성을 설명하는 것이라 하겠다.

38) 가토 히사다케(加藤尙武) / 표재명 역, 『현대윤리에 관한 15가지 물음』(서광사, 1999), 192면.

양심을 따를 경우 그것이 '악'을 지향한다고 인식할 수 없으며, 특수한 예외적 사례를 제외하고 살해를 즐길 목적으로 위기상황을 이용하는 자는 없을 것이다. 누가 희생자가 될지 모르기 때문에도 그러하다. 아마도 롤즈의 평등한 양심의 자유에 대한 설명은 이러한 경우 설득력을 갖게 되는 듯하다.

롤즈는 양심의 자유는 원초적 입장에 있는 자들이 받아들일 수 있는 유일한 원칙이라고 하는데, 그들은 어떤 지배적인 종교적 혹은 도덕적 교설이 제멋대로 다른 교설을 박해하거나 억압하는 것을 허용함으로써 그들의 자유에 모험을 걸 수는 없을 것이라고 한다.[39] 바로 풀러가 제시한 사례에서 우리는 원초적 입장과 유사한 상황을 발견할 수 있다. 구체적 결정의 내용이 어떤 것이든 대원들 모두 자신의 양심을 따를 때 각각 도덕적으로 옳은 '그렇게 할 수밖에 없는' 선한 결정을 할 것이다.[40]

가치판단의 영역에서는 켈젠(Hans Kelsen)이 주장하듯이, 어떤 가치체계가 우월한가에 대해 판단은 불가능한 것처럼 보인다. 즉 도덕체계의 다원성을 인정할 수밖에 없는 것 같다. 인간으로서 지켜야 할 궁극적인 도덕이 명확하지 않은 한, 도덕적인 문제에 최선을 다해 임하는 자세가 필요할 것이다. 각자 최선을

39) 존 롤즈 / 황경식 역, 『사회정의론』(서광사, 2002), 221-227면.

40) 물론 선하지는 않지만 최선이라고 생각하는 선택을 할 수 있다. 중요한 것은 그 내용이 아니라 당사자가 그 선택을 스스로 선이라고 인식하느냐에 있다. 인간은 스스로 양심에 따를 수도 아닐 수도 있다. 그것이 양심이라고 인식하는 것은 그 내용에 의한 것이 아니라는 것을 아는 것은 어렵지 않은 듯하다.

다해 선택하며, 타인의 의견이 자신의 의견과 다르다 하더라도 그것을 힘으로 말살하려 하지 않아야 할 것이며, 논쟁의 장으로 이끌어야 할 것이다.

필자는 도덕의 영역에서 상대주의적 입장이 절대주의적 입장보다 더욱 타당하다고 생각한다. 도덕의 영역은 의견(doxa)의 세계이며, 논쟁의 세계이며, 주관성의 세계이다. 양심의 영역도 도덕의 영역이고, 주관성의 세계에 속하므로 양심적 판단은 그 내용이 무엇이든 간에 일응 존중받아야 할 것이다. 따라서 필자는 양심의 객관성을 부인한다.

2. 양심의 착오

양심의 착오론은 오류를 범한 양심적 판단이 존재한다고 주장한다. 예를 들어 수혈을 거부하고 죽음을 택하는 특정 종교인을 바라볼 때, 많은 사람들은 그의 판단이 종교적 양심에 기인한 것은 분명하지만, 그러한 판단을 진정한 양심적인 판단이 아닐 것이라고 생각하기도 한다. 신의 뜻을 잘못 해석하여 그러한 판단에 도달한 것이며, 그의 그런 판단은 존중될 필요가 없다고 생각한다.

착오론의 전제를 살피기로 한다. 착오론은 양심의 올바른 판단과 잘못된 판단이 있음을 전제한다. 옳고 그름을 가리는 기준은 절대적인 도덕이다. 따라서 객관적인 도덕에 의해 지지된다면 그 판단은 올바른 판단이고, 그렇지 않다면 잘못된 판단이다.

양심의 착오론은 아퀴나스에서 그 근거를 찾을 수 있다.[41] 그에 따르면 양심은 두 가지 차원을 가진다. 첫째의 차원은 synderesis이며 둘째의 차원은 conscientia이다. 전자는 최상의 자연법명제를 인식하는 능력으로 절대적으로 오류에 빠지지 않는다. 후자는 synderesis가 파악한 것을 구체적인 사례에 적용하는 능력으로 이는 착오에 빠질 수가 있다고 한다. 즉 synderesis는 예를 들어 "선을 행하고 악을 피하라"와 같은 추상적인 명제를 인식하는 능력이다. 그러나 구체적인 상황에서 어떤 일을 행하는 것이 선을 행하는 것인가에 대해서는 착오를 일으킬 수 있는 것이다. 그의 양심의 착오론은 양심의 착오가 발생한 경우 다시 말해 conscientia가 착오를 일으킨 경우 관대하게 처리해야 함을 주장한다.

이 양심의 착오에 관한 아퀴나스의 사상은 양심의 자율이 지니는 중요성으로 나타난다. 양심의 착오는 그 착오에 책임을 물을 수 없는 한 주관적 구속력을 지닌다는 것인데, 면책가능한 양심의 착오로 인해 예수 그리스도를 믿는 것이 나쁘다고 확신하고 있는 사람은 그의 양심에 따라 기독교 신앙을 멀리해도 된다는 것이다.[42] 즉 양심이 착오를 일으키면 이를 관대하게 면책할 수 있다는 것인데, 이는 주관주의 양심론을 취하면서 이를 사회적 차원에서 보장과 제한의 원리를 엄정하게 적용하는 것보다 위험할 수 있다. 반인륜적 범죄자에게 착오라는 면죄부를

41) 한스 벨첼 저 / 박은정 역, 『자연법론과 실질적 정의』(삼영사, 2001), 97면.

42) 위의 책, 97면 재인용.

발행해 줄 위험이 내재되어 있다는 것이다. 아퀴나스의 주장과는 반대로, 칸트는 양심의 판단은 착오를 일으킬 수 없다는 입장을 취한다.

> 착오를 일으킨 양심은 무의미하다. 무엇이 과연 의무인지 아닌지에 관한 객관적인 판단에서 인간은 때로는 오류를 범할 수 있다. 그러나 내가 그 판단을 위해 그것을 나의 (여기서는 판결을 내리는) 실천이성과 비교했는가라는 주관적인 판단에선 나는 오류를 범할 수 없다. 왜냐하면 그럴 경우 나는 실천적으로는 전혀 판단을 내리지 않는 것이 되기 때문이다. 그 경우엔 오류도 진리도 발생하지 않은 것이다.[43]

이러한 칸트의 입장에 대한 비판이 존재할 수 있다. 이 비판의 예로 유대인을 가스실로 보낸 아이히만을 들어 용납할 수 없는 양심적 판단, 즉 착오에 의한 양심적 판단을 설명한다.[44] 이러한 이유에서 이재승 교수는 양심적 판단의 정당화 근거로서 주체의 사적 판단을 넘어서는 보편화가능성을 주장한다.[45] 모든 양심에 따른 행위가 정당화될 수는 없다. 그래서 무언가 그 양심의 내용을 평가할 준거가 있어야 하고 이 준거에 부합하는 양심만이 정당화된다는 입장에 동의한다.

그러나 필자는 주관주의 양심론이 아이히만과 같은 자에

43) 임미원, "양심과 자율," 법철학연구, 제5권 1호(2002), 147면 재인용.

44) 이재승, "인권의 기초개념으로서 양심," 국민대 법학논총 제14권, 2002, 182면.

45) 위의 논문, 183면.

게 자신을 정당화할 구실을 제공하게 될 위험성보다 객관적 양심이 지니고 있는 문제가 더 심각할 수 있음을 지적하고자 한다. 즉 '내용적 진리'를 전제하는 객관적 양심은 뒤에 상술하겠지만 그 진리의 관할자의 임의적 판단에 의한 문제를 야기할 수 있고, 이는 양심의 문제가 아닌 권력의 문제로 변질된다. 역설적으로 '양심의 착오'의 문제는 이 관할자의 착오를 생각할 수 있으므로 객관적 양심론에서 문제가 더 심각해진다. 가령 그 관할자가 국가나 종교지도자가 되는 경우 이 관할자들은 개인의 주관적 양심을 심판할 것이고, 역사적으로 마녀사냥이나 파시스트들의 만행은 이를 보여주는 예라고 할 수 있을 것이다.

사실 양심이 현실에서 표현되는 경우, 그 양심의 소유자가 자발적으로 또는 전인격적으로 자신의 양심을 따르고 있을 때 제3자가 이를 착오라고 평가하는 것은 그 당사자에게는 사실상 의미가 없다. '양심적 거부'(conscientious objection)라는 말 자체가 개인의 양심이 법적 평가, 사회 · 도덕적 평가와 충돌한 경우를 뜻하는데, 제3자의 입장에서 이를 착오라고 말하는 것은 무의미한 것이다. 다시 역으로 '착오'가 일어나지 않은 경우는 어떤 것인가라고 반문한다면, 그 대답은 양심이 다수가 인정하는 도덕 혹은 실정법에 부합하는 경우 혹은 객관적 양심에 부합하는 경우를 설명할 것인데 그렇다면, '양심적 거부'라는 말이 존재할 이유가 없다.

만약 '부모를 죽인 원수와 한 하늘 아래 살아서는 안 된다'를 자신의 양심의 내용으로 가지고 있는 사람에게 원수가 생긴다면, 이 사람이 양심에 따르는 길은 '자신이 죽든가', '원수를 죽이든가' 하는 양자택일적 상황이 될 것이다. 그가 양심에 따라 둘 중 하나를 선택했을 때, 이를 법적으로 어떻게 해석할 것인가의 문제—책임을 조각하든지 등—또는 도덕적 평가의 문제는 발생할지언정 제3자가 그의 양심은 착오상태에 있다고 말할 수는 없는 것이다. 이런 측면에서 보면, '양심의 착오'에 대해 논하는 것 자체가 어쩌면 난센스일 수 있는 것이다.

> 내가 행한 것이 진실로 옳은 것인가라는 진리성의 관점보다는 나는 진실로 옳은 것을 행하려 했는가 하는 진실성의 관점이 우선이며 그런 주관주의적 관점에서라면 양심은 자기판단에서 오류를 범할 수도, 무엇인가에 영향받거나 조종당할 수도 없다. 즉 양심은 비사회적이고 비역사적인 절대고도로 남는다. 그러나 다른 한편으론 바로 그렇기 때문에 오류에 빠지거나 조종당할 가능성이 존재한다. 객관과 역사를 빼고서도 존재하는 양심은 바로 객관과 역사의 이름으로 등장하는 이데올로기로 변질될 수 있는 것이다.[46]

이러한 언급에서 필자는 또 다른 의문을 제기하고자 한다. 이 주장은 '양심의 존재'의 문제를 혼동한 듯하다. 양심은 그 진실성에 입각해 당시의 지배규범과 이율배반의 관계에 놓일 때 비사회적이고 비역사적인 절대고도가 되는 것이지, 그 존재가 그러한 것은 아니다. 즉 양심은 사회와 역사의 영향 속에서 형성된다.[47] 과연 양심은 독립하여 실재하는 존재인가? 한 인간은

---

46) 임미원, 앞의 논문, 153-154면.

47) 양심이 형성되었다면 그 양심의 소유자에게 있어 사회적·역사적 가치

그의 경험과 삶, 그리고 역사와 관계하며 살고 그 관계 속에서 양심은 형성되고 존재한다고 생각한다. 나치를 경험하기 전의 라드브루흐와 제2차 세계대전에 참전하기 전의 하워드 진의 양심에 따른 행위(그는 파시스트들과 싸워야 한다는 양심에 따라 폭격수를 자원했다, 후에 그는 모든 전쟁에 반대한다)와 전쟁 이후의 이들의 양심에 따른 행위는 분명 다를 것이다. 라드브루흐와 하워드 진 두 사람의 양심이 모두 이데올로기의 조종을 받다가 전쟁 후 조종 받는 것에서 벗어난 것이라고 한다면 난센스가 될 것이다.

만일 나치의 이데올로기가 지배하는 상황에서 교육받은 자가 그 영향으로 나치에 동조하는 내용의 양심을 갖게 되었고 그의 실천이성에 비추어 그 확신이 더해져 나치가 사라진 현재의 시점에서도 나치의 이데올로기를 위해 투쟁한다면 이 자는 자신의 양심에 따른 행위를 하고 있는 것이지 나치 이데올로기의 조종을 받고 있는 것은 아니다. 양심에 관한 냉철한 성찰이 필요하다는 임미원 교수의 논지는 이해할 수 있고 타당하다고 할 수 있으나, 그렇다고 양심이 조종당한다고 하는 것은 문제가 있다고 생각한다.

반전 운동가인 하워드 진이 히로시마의 원폭 피해를 목도하고 2차대전 참전을 후회하지만(그는 폭격수였다), 참전 당시 하워드 진은 파시즘과의 전쟁에 동의했다. 그는 양심의 착오를 일으키거나 이데올로기의 조종을 받았던 것이 아니라, 당시의 참

나 주류 등은 그가 양심을 실현하고자 할 때 의미가 없으며 여기서의 표현대로 비사회적 · 비역사적 절대고도가 된다.

전은 파시즘을 붕괴시켜야 한다는 그의 양심에 따라 참전한 것이라는 것이다. 단지 양심은 고정 불변의 것이 아니라 변화할 수 있는 것이기 때문에 이러한 것이 가능하다. 또한 이데올로기는 양심의 형성에 영향을 줄 수 있고 양심은 그를 지배하는 이데올로기의 선택에 영향을 줄 수 있다. 모든 존재는 관계 속에서 존재하며 이 관계는 실로 유기적이라 할 수 있는데 인간존재와 환경의 관계가 그 예이다.

결국 우리가 '양심이 있다(존재한다)'라고 말할 수 있는 것은 양심이 다양한 유기적 관계 속에서 형성되고 존재한다는 의미가 된다. 양심은 그 본질의 특성상 관계 속에서 영향을 주고받으며 형성되는 것이지 오류에 빠지거나 조종당하는 것이 아니다. 지배적인 이데올로기의 영향을 받아 형성된 양심을 이데올로기의 조종을 받았다라고 한다면 어떤 절대적・내용적 기준에서 양심을 평가할 수 있다는 의미가 될 것이다. 양심은 고정 불변의 실체가 아니라 유기적 관계 속에 존재하는 비영구적 존재이다. 그러므로 당해 상황의 개인의 '양심'에 대한 역사적・사회적・법적 평가는 있을지언정 양심이 오류에 빠지고 조종당하는 것은 있을 수 없는 것이다.

다시 말해 양심의 내용은 변할 수 있고 이러한 양심은 구체적 사안에 따라 법적 평가나 사회적 평가를 할 수는 있지만 그가 착오에 빠졌다고 말할 수는 없다는 것이다. 착오에 빠졌다는 것은 착오와 착오가 아닌 옳고 그름의 객관적 기준을 전제해야 하기 때문에 그러하다. 평가나 양심의 내용 모두 상대적인 것이므로 양심의 내용에 대한 당사자의 내면 상태를 제3자가 착오라고 말할 수 없다는 뜻이다.

3. 상대주의적 도덕관과 양심

필자는 양심적 판단을 자발적인 도덕적 판단으로 보았다. 임미원 교수가 말했듯이 양심적 판단의 여부는 진리(truth)와의 부합성에 의해 결정되는 것이 아니라 진실성(truthfulness)에 의해 결정된다. 이미 보았듯이 아퀴나스는 신학에 근거하여 절대적인 도덕의 존재를 긍정한다. 따라서 아퀴나스는 양심도 절대적인 도덕에 부합해야 한다고 주장하지만, 다른 한편으로 그는 진실성을 갖추었으면, 비록 그것이 진리와 부합하지 않을지라도 면책될 수 있음을 인정한다. 즉 진실한 판단이라면 그것이 진정한 양심적 판단이라고 할 수는 없지만, 그러한 판단은 보호되어야 한다는 것이다. 도덕 절대주의 입장에서도 양심과 도덕규범 간의 이율배반을 어느 정도 조화하는 방향으로 해결하려는 것이다.

그러나 진리성을 양심적 판단의 요건으로 볼 수 있을까? 아퀴나스와 마찬가지로 헤겔은 그 판단이 양심적이라고 하기 위해서는 공동체의 인륜과 부합해야 한다고 주장한다. 헤겔은 그의 『역사철학강의』에서 "인간에 있어서는 절대자는 자기의식으로 고양되어 절대적 이념이 된다. 절대적 이념은 자기 자신을 절대자의 일부로 자각하고 개인적 한계와 목적을 넘어서서 보편적 투쟁의 근저에서 만물의 숨겨진 조화를 파악하는 사상이다. 이성은 우주의 실체이다. 세계계획은 절대적으로 합리적이다"[48]라고 하고 있는데, 뒤란트(Will Durant)는 이러한 헤겔의 사상을 '현실적인 것은 이성적'이라는 보수적 색채를 띤 것으로 비판하면서 이를 다시 '존재하는 것은 모두 정당하다'는 말을 통해 설명한다.[49] 결국 헤겔의 사상을 통해 알 수 있듯이 객관적 인륜의 강조는 현실의 인정과 질서의 추구일 것이다. 그 인륜의 객관성을 관리하는 관리자의 주관에 따라 질서정연하게 사회가 유지되고 발전한다면 그것은 합리적인 것이 될 것이다.

> 헤겔은 인간의 주관적 양심을 진리와는 전적으로 무관한 절대적 자기확신에 불과하다고 지적하고, 객관적 인륜으로부터 떨어져 나온 양심을 악의 근원으로 파악하고 있다. 헤겔은 사적 주체의 주관적 도덕에 대항하여 실질적 내용을 지닌 공동체의 인륜을 앞세웠던 것이다.[50]

헤겔의 주장은 즉자 · 대자적으로 선한 것을 의욕하는 참다운 양심의 이념이 있고, 이 이념은 확고한 제 원칙을 갖고 있을 뿐 아니라 개인적 양심에게는 객관적인 규정이며 의무가 된다는 것이다.[51] 이재승 교수는 이에 대해 다음과 같이 비판한다.

---

48) 뒤란트(W. Durant) 저 / 황문수 역, 『철학이야기』(고려대출판부, 1998), 349면 재인용.

49) 위의 책, 351면.

50) 이재승, 앞의 논문, 181면.

51) 위의 논문, 182면에서 재인용.

> 헤겔의 양심 개념에서 중요한 것은 주체의 자기확신 또는 결단이 아니라 내용적 진리다. 그 경우 문제는 내용적 진리에 대한 관할권이 누구에게 있는지이다 … 현실의 법질서를 운영하는 국가가 양심의 진리에 대해 판결권을 행사한다면 어떤 일이 발생할지 생각해 보자.[52]

우리는 서구의 18세기 사상사만을 볼 때에도 지금은 위대한 사상가로 인정받는 사람들이 교회권력으로부터 이단으로 규정되었다는 사실을 알고 있다. 몽테스키외도 『법의 정신』으로 인해 이단으로 규정되었고, 루소와 독일의 볼프(C. Wolff)도 그러하였다. 결국 루소는 이로 인해 피해망상증에 시달리게 된다. 엄밀히 말해 이들이 이단이라는 것은 교회의 도그마와 다른 의견을 제시했기 때문이다. 과연 그들의 의견이 현대 사상의 전개에 해를 가져왔는가를 물을 때 그 답은 확연하다. 그들의 의견은 단순히 당시 교회의 도그마와 상치되었을 뿐이며, 이로 인해 이단으로 규정된 것이다. 그러나 이들의 사상은 현대 사상의 전개에 공헌한 바 크다.

18세기의 예에서 보듯이 진리란 도그마일 수 있으며, 진리는 권력의 편일 수 있다는 것으로, 결국 도덕절대주의에 입각한 양심 개념은 많은 문제를 내포한다. 여기서 지적하고 있듯이 이러한 헤겔의 객관적 진리의 내용은 관할자의 임의적 해석이 된다는 비판을 면할 수 없을 것이다. 설령 헤겔의 주장대로 그 객관적 표준이 실재한다고 가정하더라도 그 표준의 적용에 있

52) 위의 논문, 182면.

어서의 임의성은 또 다른 문제가 된다.

필자는 절대주의 도덕관에 근거한 양심 개념을 배제하고 상대주의 도덕관에 근거한 양심 개념을 주장하여 왔다. 예를 들어 어린 학생들 앞에서 학교 선생님이 "유태인은 세계에서 가장 훌륭한 민족이다," "열심히 공부하면 누구나 부자가 될 수 있다"라고 말했다고 하자. 이는 선생님이 가진 평소의 신념을 토로하여 유태인의 덕성을 배워야 한다, 열심히 공부해야 한다는 것을 말하고 있는 것으로 보아야 할 것이다. 열심히 일하라거나 인류에 공헌한 유태인들을 열거하는 것과 "열심히 일하면 부자가 될 수 있다"라고 주장하는 것은 차이가 있다. 이 말에는 역설적으로 가난한 사람들은 열심히 일하지 않았기 때문에 가난하다는 내용을 함의하고 있다고 할 수 있다. 여기서의 객관성은 초등학생 앞의 선생님이라는 저항할 수 없는 권력을 암시할 뿐 아무 것도 아니다.

분명 평가나 해석은 객관적일 수 없다. 그리고 전술한 예에서 '훌륭한', '부지런한'을 구별할 수 있는 객관적 기준이 있다고 주장한다면 그 객관적 기준은 결국 기준을 관리하는 권위 있는 자의 주관이 되고 말 것이다. 드워킨은 다음과 같이 주장하였다.

> 우리는 사진이 예술의 어느 형식 또는 분파로 간주될 수 있는지에 관한 예술비평 중에 두 가지 논증을 상상함으로써 그 차이를 알 수 있다. 그들은 회화와 조소처럼 논쟁의 여지가 없는 예술의 예를 '표준'으로 인식하고 그 활동의 유사성과 비유사성으로 사진이 예술에 속하는가 아닌가를 가려내는 방법론에 동의할 것이다. 그들은 사진이 이러한 다른 예술의 방법론과 비교해서 형식이 전적으로 혹

> 은 본질적으로 같지 않다는 데 동의한다. 사진이 대체로 예술의 경계적 사안에 있다는 것에도 동의할 것이다. 그들은 또한 사진이 그 범주(category)에 포함되는지 아닌지를 결정하는 것이 결국 임의적(arbitrary)이라는 데 동의할 것이다. 그것은 설명의 편의와 용이함을 위해 한 가지 방법론이 채택되었음에 틀림없다. 그러나 사진이 실제로 예술에 속하는지 아닌지에 대한 논쟁에서 진정한 이슈는 없다. 이제 완전히 다른 종류의 논쟁으로 간주해 보자. 한 집단이 —다른 이들은 무엇이라 생각하든 간에— 사진은 예술의 형식의 중심적인 예라고 하고, 다른 견해는 앞의 견해는 예술의 본질에 대한 심각한 오해를 보여준다고 주장한다. 다른 견해가 반대의 입장을 취해, 예술의 특성에 대한 이해는 사진이 전적으로 예술의 범위 밖에 있고, 사진기술은 예술의 목적에 매우 이질적인 것이라고 주장한다. 이는 어떤 것이 일련의 경계가 그려져 있음이 틀림없는 곳을 넘은 것으로 논증을 서술하는 이러한 상황에서는 명백히 틀린 주장이 될 것이다. 논증은 예술이 무엇인가에 관한 것으로 된다. 적절히 이해되고, 실제로는 그것은 두 집단이 왜 회화와 조소가 그 타이틀로 주장할 수 있는 예술의 표준적 형식인가를 인정하는 이유조차도 매우 다른 생각을 가지고 있음을 드러내는 것이다.[53]

이를 통해 지적할 수 있는 것은 전술한 것처럼 헤겔의 주장대로 그 객관적 표준이 실재한다고 가정하더라도 그 표준의 적용에 있어서의 임의성이 발생한다는 것이고 결국 다시 '양심의 진리는 무엇인가?'라는 명제로 환원되는 것이다. 객관적 진리에 부합하느냐의 문제를 따지다 보니 다시 객관적 진리란 무엇인가의 문제로 환원될 수밖에 없는 모순을 지적할 수 있다.

---

53) Dworkin, 앞의 책, 41-42면.

그렇다면 양심은 도덕적 당위의식이고 주관적이라고 밝힌 특성은 결국 어떤 실재 사안에서 그 사안이 양심의 문제인가 아닌가를 구별하는 기준이 될 수 있을 것인데, 문제는 전술한 대로 이 기준이 우리의 언어 공동체가 '양심'에 대해 갖는 공통의 관념에 기반해야 하며, 이러한 기반에서 선택된 '양심'은 불완전하지만 적합성이 담보되어야 한다는 것이다. 그렇다면 우리의 언어 공동체가 '양심'을 어떻게 커뮤니케이션하고 있는가는 왜 중요할까? 결국 법적 결정(결국 법적 결정은 당해 사안에 대한 법률해석이므로)도 시대적·사회적 커뮤니케이션의 산물이다. 다음은 마크 트웨인의 허클베리 핀에 나온 핀과 샐리의 대화이다.

> "어머나! 누구 다친 사람은 없었니?"
> "없었어요, 마님. 검둥이가 하나 죽었을 뿐이었지요."
> "그건 참으로 다행이었구나. 때론 사람이 다치는 때가 있지."[54]

허클베리 핀은 증기선의 보일러의 폭발이 누군가에게 피해를 주지 않았느냐는 질문을 받았을 때 '어떤 사람도 죽지 않고 단지 검둥이만 죽었다'라고 답변하였다. 이처럼 '검둥이'를 사람의 영역에 포함되지 않는다고 생각하는 것이 지배적인 사회에서 그 검둥이들에게 가해진 차별에 대해 사회정의나 공정의 실현을 말하기 어려울 것이다. 법적 결정과 집행도 마찬

---

54) 마크 트웨인 저 / 김동욱 역, 『허클베리 핀의 모험』(민음사, 1998), 464면.

가지다. 이미 지배적 공론이 형성되었다는 것은 헌법이 보장하는 권리를 빼앗겼을 때 그것을 주장하는 흑인에게 '당해 사건은 ○○조의 내용에 해당되지 않는다' 또는 '그렇다고 해석할 수 없다'라고 법원이 결정을 하고, 이런 식으로 사안을 회피하는 법원이 비판받지 않고 당연시되는 것을 의미한다. 그러나 마틴 루터 킹 목사나 이름 없이 곤봉에 맞고 머리가 터지고 감옥에 갇히기를 밥먹듯이 했던 이들의 노력으로 그 사회가 '검둥이'를 사람의 개념으로 커뮤니케이션 할 수 있다면 그들의 권리를 말하는 것이 자연스러워질 것이다. '법조문이 존재하는가?'도 중요한 문제지만 헌법이 없어서 인권이 유린되는 것이 아니고, 결국 그 사회의 인권 수준은 그 사회에서 '인권'이 어떻게 커뮤니케이션 되는가를 보면 실질적으로 알 수 있는 것이다.

양심의 문제도 마찬가지이다. 그렇다면 우리의 과제는 '설득'이 된다. 우리에게 필요한 '양심'개념을 설득해서 우리 사회가 적절한 '양심'개념으로 커뮤니케이션 하도록 노력하는 것이다. '양심의 자유' 외의 '뇌사', '호주제' 등의 문제와 같은 쟁점들에 대한 대법원이나 헌법재판소의 결정도 이러한 사회적 공론과 무관할 수 없다. '법적 결정(법률해석)과 사회적 공론 중 어떤 것이 더 선행하는가'에 대해서는 논란의 여지가 있겠지만, 1960년대 미국에 민권법이 없어서 흑인들이 선거를 위한 유권자등록을 실질적으로 할 수 없도록 탄압 받았던 것이 아님을 상기해 보면, 또 우리나라에 헌법이 없어서 치명적으로 인권이 유린되어 온 것이 아니고 유사한 사안에 대한 대법원과 헌법재판소의 결정이 달라지는 것을 보면, 투쟁과 사회적 공론의 변화가 국가권력을 어떻게 변화시키는가를 알 수 있을 것이다. 결국 '양심'에 대한 논의도 인권을 위한 설득의 과정이라고 생각한다. 그래서 우리의 양심 개념은 우리의 언어 공동체의 공통된 기준에 기반하는 동시에 언어 공동체를 설득하는 것이 되어야 하는 것이다.

제3장

양심의 자유의 보장과 제한

제1절 양심의 자유의 보장

Ⅰ. 양심의 자유의 법적 지위에 관한 인식

1. 법제도의 상위 가치로서의 양심

법적인 차원에서 양심적 거부는 개인의 양심과 입법자의 의도가 상치할 때 나타나는 것으로, 양심에 관한 법적 논의에서 짚고 넘어가야 할 것은 입법자의 의도가 우선하는 '법률이 전제된 상태에서, 이를 거부한 양심에 따른 행위를 어떻게 다룰 것인가?'와 같은 시각이다.

기본적으로 인간은 자신의 세계관에 따라 자유롭게 살 권리가 있는데, 홀로 존재하는 것이 아니라 타인들과 함께 살아야 하기 때문에, 서로의 자유의 공정한 보장을 위해 규칙을 만들고 이 규칙에 따라 각자의 자유를 제한하는 것이다. 즉 양심의 자유가 제한 없이 발현되는 것이 전제되고 법률은 이 자유를 구성원들에게 공정하게 보장하기 위해 설정되는 것이다.

이러한 인식은 단순한 말장난이 아니라 양심과 법률 사이의 기본관념을 형성하는 중요한 논점이 된다. 비트겐슈타인은 인간의 사고의 어떤 패턴, 또는 논리적 추론과 같은 언어적 관행을 실재의 어떤 독립된 기초 위에 올려놓으려고 하는 모든 이론을 공격하고 언어 외부에 사고 패턴이나 언어 관행을 뒷받침해 주는 독립된 지점들이 따로 있지 않다고 주장한다.[55] 즉 언어 자체에 문제의식을 갖는 것이 필요하다는 것이다. 결국 양심에 대한 법적 논의에서 우리는 항상 최상급의 기본권으로서 양심의 자유는 국가의 존립과도 독립적으로(국가가 없는 상태에서는 인간의 생존은 불가능하다는 가정은 있을 수 없으므로) 선행하는 가치로 사고의 패턴을 구성하고, 그 후에 합헌으로 검증된 개별 법률의 의도에 비추어, 이를 거부한 양심적 거부를 어떻게 다룰 것인가를 논의해야 하는 것이다.

법률이 그 자체로서 의미를 갖는 것이 아니라 인간의 삶을 위한 부수적인 것일 뿐이고 양심이 그 자체로서 의미가 있는 것이라는 인식이 선행되어야 하는 것이다. 이제 우리의 언어와 이에 따르는 사고의 패턴을 수정하고 '양심'에 관해 논의해야 한다고 생각한다.

2. 자유의 본질적 부분으로서의 양심

인간의 욕구의 본질은 어디에 있을까? 가령 자동차를 처음 본 사람들은 그 자동차를 소유하고 사용하는 것을 보고 상대적 박탈감을 통해 소유욕을 느낄 것이다. 또 매스미디어가 만든 이미지로 자신을 꾸밀 욕구를 느끼기도 할 것이며, 이성에게 보다 매력적인 요소로 사회가 인정한 조건, 예를 들어 날씬

55) 데이비드 피어스 / 정영목 역, 『비트겐슈타인』(시공사, 2000), 14면.

한 몸매나 예술적 교양과 같은 것을 동경할 것이다. 이러한 욕구는 결국 상대적인 인간의 관계에서 발생되거나 사회적 · 시대적 · 상업적으로 만들어지는 것이지 인간의 본질에 기인한 것은 아니다.

칸트는 선천적 욕구(성욕, 식욕과 같은)와 같은 생물학적 욕구이든 전술한 것과 같은 교육, 환경, 사회에 의해 형성된 욕구이든 우리가 우리의 욕구를 선택할 수 없기 때문에, 우리가 욕구에 따라 행동할 때 우리는 자유롭지 않다고 한다.[56] 피터 싱어는 칸트의 '정언 명법'(kategorischer imperativ)의 의미를 해석하면서 "자유는 한 개인의 양심을 따르는 데 있다"라고 한다.[57] 진정 자신이 선택하지 않은 요소를 제거하고 자신이 원하는 것을 순수하게 찾아내면 그것은 양심을 따르는 것이 된다는 것이다. 자신이 진정으로 원하는 것을 스스로 간섭 없이 행하는 것이 '자유'라면 이러한 내용은 의의를 갖는다.

필자는 권리로서의 자유, 즉 자유권의 법적 개념은 존엄한 생명체인 인간이 생물학적 생존의 유지와 함께 그 존엄한 가치를 유지할 수 있는 데 필수적인 요소와 진정한 인격적 자기확신인 양심에 따라 사는 것을 보장할 수 있는 요소, 이 두 가지 요소로 구성된다고 생각한다. 예를 들어 인신의 자유권에 해당하는 생명권, 신체의 자유, 주거의 자유 등은 정신적 자유를 실현하는 존엄한 인간의 전제가 되는 것이다. 인간이 임의적으로 구속되어 마소처럼 다루어질 수 있거나 노예나 기타 인간 이하

56) 피터 싱어 / 연효숙 역, 『헤겔』(시공사, 2000), 61면.

57) 위의 책, 64면.

의 존재로서의 인간이 있다면, 이 상황에서 자유에 관한 논의는 의미가 없을 것이다. 따라서 인신의 자유권은 정신적 자유권의 전제가 되며 자유의 핵심은 이 전제가 충족된 이후 보장되는 정신적 자유라 해도 과언이 아닐 것이다. 결국 양심의 자유는 기본권의 작은 항목이 아니라 자유의 본질적 부분인 정신적 자유의 내용이 되는 것이다.

> 독일기본법에서는 일반적·포괄적 자유권의 헌법적 근거를 그 제2조 제1항의 인격의 자유로운 발현에 관한 권리에서 구한다. 자유권을 일반적·포괄적 자유권과 개별적·구체적 자유권으로 유형화한다면, 전자는 일반적인 행동의 자유권을 의미하고 후자는 헌법에 규정된 일련의 개별적 자유권을 총칭한다.[58]

여기에서 일반적 포괄적 자유권을 명시한 독일기본법 제2조 제1항의 내용은 필자가 전술한 양심의 개념과 합치하는 내용이다. 결국 필자가 주장한 양심의 자유는 일반적·포괄적 자유권이며 인간이 가축이나 노예처럼 다루어지지 않는 인신의 자유권이 전제된 상태에서 보장되는 자유의 본질적 내용이 된다. 사실 인신의 자유권과 같은 내용은 '자유'라는 개념에서는 자유의 전제가 되는 것이라 할 수 있다. 인신의 자유권은 자유를 논의하기 위한 필요·충분조건이 될 것이다. 왜냐하면 소나 돼지, 노예(인간이 아니라고 인식된)의 정신적 자유를 논의한다는 것은 그 자체가 난센스이기 때문이다. 인신의 자유권이 없는 인

58) 권영성, 『헌법학원론』(법문사, 2002), 384면.

간은 존엄한 존재일 수 없는 노예와 같은 상태에 있는 것이며 이 존엄성이 전제되었을 때, 존엄한 인간의 정신적 자유를 논의할 수 있을 것이다. 그러므로 자유를 위한 필요·충분조건으로서의 권리와 달리 양심의 자유는 자유의 본질이 될 것이며, 내용상 정신적 자유의 개별적 권리는 전술한 양심 개념에 포함된다고 할 수 있다.

Ⅱ. 권리의 충돌과 양심의 자유

권리는 무엇인가를 이해하는 것은 권리의 충돌을 이해하는데 선행되어야 하는 것이지만 이 주제는 너무나 방대한 것이어서 여기서 본격적으로 논의하는 것은 불가능하다. 그러나 필자는 권리의 본질을 '의사(意思)'로 보는 학설[59]을 따르고 있고 권리의 충돌이라는 문제의 핵심을 파악하기 위해 다음의 내용을 인용하고자 한다.

> 권리는 주로 무언가에 대한 주장으로 또는 행위에 대한 보장된 선택권으로 여겨진다. 주장(claim)으로서의 권리는 주장하는 것에 대한 실행을 누군가가 보장해 주는 것을 의미하는 것은 아니다(설령 허용된 것일지라도). 단지 어떤 이에게 자격을 부여할 뿐이다. 어떤 이가 권리를 가졌다는 것은 권리소유의 영역 또는 타인에 대해 행위를 요구하는 유일한 근거(reason)를 제공할 수 있다는 것이다. 예를 들어, 어떤 이가 무언가에 대해 권리를 갖는다는 것은 가치(good)를

59) 최봉철, "권리의 개념에 관한 연구," 법철학연구 제6권 제1호, 2003.

> 창출하거나 우선권을 충족시키는 것처럼, 다른 근거들과는 독립된 권리에 따르는 근거가 그에게 존재할 수 있음을 말한다. 더욱이, 이 근거는 배타적이거나 억압적인 근거로서 기능하는 것이다. 그것은 통상적으로 근거가 되는 다른 특정요소를 고려함을 배제하는 것이다. 예를 들어 어떤 이가 무언가에 대해 권리를 갖는다는 것은 단지 그것에 대해 더 중요하게 고려된다는 정도가 아니라, 다른 이가 그것으로부터 만족을 얻는다면, 그것이 부적절한 것이 된다는 것이다. 그것은 무엇을 해야 하는가에 관한 논증을 종결할 수 있도록 제시되는 다른 많은 자명한 근거들을 권리가 압도하기(silence) 때문이다.[60]

법적으로 정당화되고 보호되어야 하는 '양심'의 자유는 다른 권리와의 충돌에서 법적 보호의 우월성이 인정된 경우, 그 주관적 양심이 법의 보호를 받고 정당화되는 것이다. 위의 '권리'에 관한 설명에서 볼 수 있듯이 권리는 배타적 억압적 근거가 될 수 있다. 즉 상대적인 각각의 권리들이 충돌하면 그 중 더 우월한 권리가 보호되고, 그것과 다른 권리는 양립될 수 없을 것이고, 이것이 권리의 충돌이 된다. 이 충돌과정을 거쳐 확정된 것만을 권리라고 부르는 것은 아니며 이미 권리였던 것들이 갈등과 충돌의 상황에서 상대적 우월성을 인정받는 것이다. 주로 본질적 기본권인 양심의 자유는 다른 권리와의 충돌에서 주로 우위를 점한다고 할 수 있다. 가령 민법 제764조를 근거로 사죄광고를 법원이 강제하였을 때 피해자의 명예회복을 위한 권리와 사죄를 강제로 해야 할 당사자의 양심의 자유가 충

60) F. M. Kamm, "Rights," The Oxford Handbook of Jurisprudence and Philosophy of Law (New York: Oxford University Press, 2002), 476면.

돌하는 것이다. 헌법재판소가 민법 제764조를 해석할 때, 그 명예훼복을 위한 조치로 사죄광고를 강제하는 것은 헌법 제19조를 위반하고 인격권을 침해하는 것이라고 결정함으로써 이는 행사될 수 없게 된다.[61] 결국 피해자는 사죄광고 외의 다른 방법으로 자신의 명예를 회복할 방법을 찾아야 하고 '사죄광고'의 행위를 강제할 수 없게 된다. 그렇다고 피해자의 명예회복을 할 권리가 소멸한 것은 아니다. 당해 사안에서 '사죄광고'라는 행위를 그 수단으로 권리를 행사할 수 없다는 것이다. 헌법 제19조 양심의 자유 등의 권리가 배타적으로 법의 보호를 받은 것이다.[62]

---

61) 헌법재판소 1991. 4. 1. 결정(89 헌마 160). 이 판례에서 법인이 양심의 자유의 주체가 될 수 있는가도 쟁점이 되었으나 필자도 전술한 양심의 특성에 비추어 법인은 양심의 자유의 주체가 될 수 없다는 견해(최대권, "양심의 자유와 사죄광고," 서울대 법학, 제39권, 15면)에 동조한다.

62) 최대권, 앞의 논문, 14면: 위의 판례에 대한 비판을 살펴보면, 자기의 잘못에 대한 사죄의 법적 강제가 양심의 문제가 될 수 없고 헌법 제12조 제2항의 자부금지의 원리 및 취재원비익권의 문제이며, 한국의 명예를 중시하는 문화적 요청을 감안했을 때 명예훼손의 경우 사죄의 법적 강제는 합헌이라는 주장이 있다. 또한 이 경우 헌법재판소와 대법원이 병역의무나 국기경례의 거부 등은 국가의 안전보장 및 일체성이 관련되어 있어 양심의 자유에 반하지 않는다고 하면서 사죄광고의 경우 그러한 사실이 없기 때문에 양심의 자유에 반한다고 결정하는 입장의 괴리가 있음을 지적한다. 당해 사건의 사실관계를 살펴보면 일응 위의 주장이 일부 타당하다는 것을 알 수 있다. 양심의 개념에 비추어 명백히 양심에 따른 거부가 아니라 다른 사유라면 양심의 자유가 아닌 다른 권리의 침해 여부를 따져 보아야 할 것이다. 그러나 당해 사안이 양심과 사상에 어긋나는 작위를 강요당하지 않을 권리를 양심의 자유로 인정한 결정이라면 국기경례 거부, 불고지죄, 병역거부 문제도 양심의 자유를 인정해야

> 행위자가 어떤 행위를 할 때 이미 그 행위에 대한 가치평가—그 행위가 옳다, 바람직하다, 자기에게 유익하다 등등의 가치평가—를 하고 있으며, 바로 이 가치평가가 행위의 기준이 되는 규범적 가치들을 가지며 활용할 수 있는 인간의 내적인 능력이 소극적 자유의 밑바탕을 이루고 있다는 것이다 … (중략) … Taylor는 자유들 사이에서 질적인 구분을 내리는 상위의 가치기준에 근거한 강한 가치판단이 필수적으로 존재한다는 사실(the fact of strong evaluation)이 자유 개념을 분석하는 데 결정적인 역할을 한다고 본다.63)

위의 견해에 따를 때 이미 전술한 것과 같이 왜 '양심의 자유'가 자유의 본질적 요소가 되고 다른 권리와의 충돌에서 주로 우위에 서는지를 설명할 수 있을 것이다. 사죄광고의 사례는, 권리의 충돌에서 양심의 자유가 그 우위를 점한 것이라 할 수 있다. '양심적 거부'의 문제에서도 그 정당화는 권리의 충돌에서 우위를 점한 경우, 또 그 내재적 제한범위의 요건을 충족한 경우 정당화될 수 있을 것이다. 그렇다면 이 '권리의 충돌'시 순위를 정하는 방법과 기준은 무엇인가? "이 문제의 해결은 '여러 기본권보장의 관계와 목적'에서 찾을 수 있다고 생각했고, 따라서 이 문제의 해결은 학설과 판례에 일임되었다"는 주장이

합당할 것이고, 그 견해의 괴리도 없어질 것이다. 문화적인 요청이라는 부분은 비판의 여지가 있다. 가령 절도범의 손목을 자르는 문화가 당연한 지역의 경우에도 문화적 요청을 고려하여 손목을 자를 수 없듯이 본질적 기본권은 범죄자라 하더라도 침해되어서는 안 되며 그 기본권을 침해하는 문화적 고려는 있을 수 없을 것이다. 그 범죄에 따르는 적절한 형벌을 강구해야 할 것이다.

63) 김도균, "John Rawls 자유론에 있어서 분석적 차원과 규범적 차원," 법철학연구, 제5권 제1호, 2002, 16-17면 재인용.

있으며, 이러한 이유로 권리의 충돌의 해결은 '해석'의 문제가 된다.[64] 결국 권리가 충돌하면 그 사회가 추구하는 가치와 목적에 따라 형량하여 순위를 정해야 할 것인데 이때 해석은 '정합적'으로 이루어져야 할 것이다.

Ⅲ. 양심의 보장원리로서의 다원적 평등

하트는 "같은 사례는 같이 취급하라, 다른 사례는 다르게 취급하라"는 전통적 명제를 통해 정의를 설명한다.[65] 이 명제의 난제는 하트 스스로도 밝히고 있지만, 그 유사성과 차이점을 가리는 것의 어려움과 해당 사례가 당면한 '목적'을 통한 보충이 반드시 필요하다는 것이다. '왜' 또는 '무엇을' 기준으로 어떤 것은 다르게 보아야 하고 어떤 것은 같은 것으로 보아야 하는가는 이 명제의 생명력에 필연적인 보충요소가 될 것이다.

불교경전에 자주 등장하는 비유 중에 우유, 요구르트, 치즈의 비유가 있다. 이들은 각각 다르다. 그러나 모두 우유로부터 나와 생성되었으며 그 특성이 완전히 다르지 않다. 그렇다고 완전히 동일하지도 않다. 이들을 만일 '유제품'이란 개념으로 묶으면 같은 유에 포섭될 수 있을 것이고 각각의 특성을 강조하면 모두 다르게 다루어져야 할 것이다. '같게' 혹은 '다르게'의 차이는 결국 개념의 목적, 당해 사례에서의 목적에 따른 해석의 문

64) 홍성방, "기본권의 충돌과 경합," 안암법학 제9권, 1999, 5면 재인용.

65) 허버트 하트, 앞의 책, 206면.

제가 되는 것이다. 그러나 분명한 것은 이들의 가치는 각각 다르며 그 차이가 바로 가치의 본질을 이룬다는 것이다. 즉 사안마다 그 독특한 특성을 발견해 내는 해석이야말로 다원한 가치를 인정하는 평등개념의 기초가 될 것이다.

절대 진리로서의 '정의'는 본래 존재하지 않는다. '양심' 역시 우리 사회에 필요한 개념을 선택하듯이 상대적으로 정의의 종개념 중 하나를 우리 사회에 더 적합한 '정의'로 선택해야 한다는 것이다. 그러면 누군가 문제를 제기할 것이다. 모든 이념과 개념이 시대에 따라 사회에 따라 상대적으로 선택되는 것이라면 보편적이고 절대적인 진리란 없는 것인가? 그렇다. 만일 있다고 하더라고 인간은 이를 상대적으로 인식한다. '부', '빈곤' 등등 모든 개념은 상대적이다. 히말라야의 오지에서 외지인을 만나지 못했던 사람들은 스스로를 가난하다고 생각하지 않았다. 서구의 관광객을 만난 후 그들은 '빈곤'이라는 개념을 알게 되었다. 이 예는 인간이 인식하는 개념과 가치가 상대적이라는 것을 말해 준다. 보편적 가치가 변하지 않고 존재하여도 이를 인식하는 인간의식의 상대성은 계속 변화한다. 그렇다면 한국 사회에 필요한 '정의'는 무엇일까?

한국은 식민통치와 분단, 전쟁, 군사독재의 역사를 경험하고 이에 병렬적으로 경제발전을 신앙처럼 갖는 발전의 시기를 거치면서 다양한 가치를 존중하기보다 획일화되어 일사불란한 일종의 거대한 병영과 같은 효율을, 그 최대 가치로 삼는 사회를 추구했다고 해도 과언이 아니었다. 여기에서 사회의 다수와 다르다거나 지도적 이념과 다른 생각을 한다는 것은 큰 희생과 비난을 감수해야 하는 것이 된다.

집단적 대의, 특히 민족적 이익을 위해서는 개인의 희생이 당연하게 요구되고 따라서 싸우지 않고 도망가겠다는 생각은 비겁한 행위로 인식된다. 모든 판단과 결정에 있어서 '민족적인 것'이 항상 우위에 서게 된다. 따라서 그것을 위해 개인은 수단화되며 개인의 이익과 행복은 '이기적인 것'으로 매도되며 죄책감의 원천으로 인식된다.[66] 이러한 사회적 인식이 전술한 '사죄광고'의 경우는 양심의 자유를 침해한 것으로 병역거부와 국기에 대한 경례거부는 양심의 자유와 관계없는 것이라는 해석을 하게 되는 원인이 되는 것이다. 이 '애국심'이라는 문구로 만들어진 민족주의 이데올로기로부터 자유로운 이는 찾기 어려우며, 법률가도 마찬가지인 것이다. 그렇다면 이제 우리가 선택해야 할 가치는 '차이'를 인정하는 다원적인 가치일 것이다.

만일 한국 남자는 모두 군대에 가는데 양심적 병역거부자에게 대체복무를 인정하여 준다면 이는 군대에 간 사람들과 다른 대우를 하는 것이고 불평등하다라고 주장한다면, 군대 안에서도 각각 개인의 성격과 특성의 차이를 인정하여 다른 임무와 보직을 주는 것 역시 불평등한 것이 될 것이다.[67] 가령 전투병

---

66) 권혁범, 『민족주의와 발전의 환상』(솔출판사, 2000), 7-9면.

67) 병역법 제86조는 "병역의무를 기피하거나 감면 받을 목적으로 도망하거나 행방을 감춘 때 또는 신체손상이나 사해행위를 한 사람은 1년 이상 3년 이하의 징역에 처한다"라고 규정한다. 그러나 한국사회에서 대다수의 사람들은 이 법은 적어도 특정 계층의 사람들에게만 적용된다고 믿는다. 다시 말해 사회기득권 계층(논의의 편의를 위해 일단 학문적 검토 없이 사용한다)이거나 적어도 이들과 연고가 있거나 하는 자들에게 이

과의 병사와 비전투병과의 병사는 그 임무와 육체적 활동의 양이 다르다. 차별을 제거하기 위해 모든 병사가 동일한 임무와 역할을 부여받고 수행한다면 이 조직은 군대로서 기능하지 못한다. 결국 인간이라는 유사성을 지닌 각 개체로서의 개인은 또 각각 다를 수밖에 없으며 이 차이를 인정하는 것은 개인과 집단 양자를 위해 모두 유익한 것이 된다. 여기서 우리는 차이를 인정하고 이를 고양하는 것이 '차별'이 아님을 알 수 있다. 군사문화가 획일을 우월한 가치로 두지만 그 군대라는 조직 역시 다양한 특성의 차이를 인정하지 않으면 유지될 수 없는 역설이 존재하는 것이다.

이상돈 교수는 대체복무제의 도입에 찬성하면서도 그 복무

법은 적용되지 않는다고 생각한다. 혹 기득권 계층이 군대에 오더라도 연줄로 곧 편안한 보직을 받게 될 것이므로 평범한 이들과는 구별된다. 군대에 다녀온 사람들은 이러한 사실을 실제 경험하게 된다. 문제는 불공정한 복무제도에 대한 다수의 분노인 것이다. 한국사회에서 양심적 병역거부에 관한 논의의 배경엔 민족주의의 절대가치와 이러한 분노가 존재한다. 이 분노는 주로 불공정한 병역제도의 피해자인 예비역들에게서 발현되고, 종교권력의 기득권을 유지하고자 하는 개신교(여호와의 증인에 비해 주류를 형성)가 적극적으로 양심적 병역거부가 특정 이단종교의 문제라고 주장한다. 그러나 양심적 병역거부의 문제는 특정 종교의 문제가 아니다. 흥미로운 것은 군생활을 고통스럽고 힘들게 한 사람일수록 여호와의 증인들을 증오한다는 것이다. 그러나 아무도 우리나라에서 시행되고 있는 '병역제도'의 불평등과 위선을 고발하지는 않는다. 문제의 초점이 특정 종교의 문제로 흐려지고 불평등에 대한 불만의 물고가 오히려 약자에게로 터지는 현상이 나타난다. 군복무 가산점제도와 관련한 문제에서 여성을 적대시하는 광적인 현상과 여호와의 증인 신도들을 정신병자로 몰고 가는 이들은 사실 모두 불평등한 병역제도의 피해자들이고 이들의 분노는 엄밀히 말하면 이 불평등에 있다.

기간을 현역복무보다 길게 해야 한다는 주장을 하고 있는데 이러한 주장은 이론적 근거가 빈약한 것이라고 생각한다.[68] 만약 이 주장이 타당하려면 현재 현역 복무 중인 병사들도 그 보직에 따라 복무기간을 다르게 해야 할 것이다. 행정병, 군종병, 전투병 등 직역에 따라 다른 복무기간을 정한다는 것이 타당할 수 없다면 대체복무의 기간을 현역복무보다 길게 해야 한다는 주장 역시 타당할 수 없다고 생각한다. '단순평등'이 아닌 '다원적 평등'이라는 차원에서 '형평성' 문제를 숙고해야 한다. 대체복무를 젊은이들이 선호할 것이라는 추측으로 병역기피를 막기 위해 대체복무기간을 길게 해야 한다는 주장은 문제가 있다고 생각한다.

> 주위 사람들이나 사회가 가진 상에 비추어 특정 개인이나 집단이 스스로에 대해 제한적이거나 비하적인, 때로는 경멸적인 상을 가지게 된다면, 그 개인이나 집단은 실질적인 피해, 실질적인 왜곡으로 고통받게 될 것입니다. 따라서 불승인(nonrecognition) 혹은 오인(misrecognition)은 누군가에게 피해를 줄 수 있을 뿐만 아니라, 그 사람을 잘못되고 왜곡, 축소된 존재양식 속에 가두어 놓는 일종의 억압적 형식이 될 수 있습니다.[69]

위의 글을 통해서도 알 수 있는 것은 단지 그 사회나 집단의 이익과 효율을 위해서 공리적 차원에서 구성원의 차이를 인

68) 이상돈, 『인권법』(세창출판사, 2005), 4-5면.

69) 찰스 테일러, "승인투쟁과 인권; 차이의 정치를 향하여," 『현대사회와 인권』(나남출판, 2002), 52면.

정해야 한다는 것은 아니다. 인간은 자신의 고유성(originality)에 충실한 삶을 통해 자아성취와 자기실현이라는 목표를 이루는 것을 추구할 권리가 있다고 생각한다. 이것이 평등하게 보장되는 것이 양심의 자유라는 권리인 것이다.

> 평등은 우리가 우리끼리 함께 만들고 공유하며 또한 나누는 가치들에 의해 매개되는 인격체들간의 다원적인 관계다. 평등은 똑같은 양의 재산을 소유하도록 하는 것이 아니다. 평등은 사회적 가치의 다양성을 반영하는 다양한 분배 기준을 요구한다 … (중략) … 다원적 평등이란 한 영역 안에서 혹은 다른 사회적 가치와 관련하여 시민이 지닌 어떠한 위치도 어떤 다른 영역 혹은 다른 가치와 관련된 그의 지위 때문에 침해당할 수 없다는 것을 의미한다.[70)]

마이클 왈쩌는 "다원적 평등을 설명하면서 만일 공직에 시민 X가 시민 Y에 우선하여 선택될 수도 있으며, 이때 두 사람은 정치의 영역에서는 불평등하게 된다. 그러나 공직에 있다는 이유 때문에 그 외의 모든 영역에서 X에게 우선적인 의료혜택, 자녀의 취학의 우선권, 다른 취업 기회들 등과 같은 혜택이 주어지지 않는 한, 이 두 사람이 일반적으로 불평등한 것은 아니다"라고 설명한다.[71)] 즉 시민 X와 Y가 무조건 동일하게 공직에 취임하는 것이 평등이 아니라 공직이라는 정치적 가치가 다른 가치들을 압도하는 독점성을 갖지 않는 것이 평등이라는 것이다.

---

70) 마이클 왈쩌 / 정원섭 역, 『정의와 다원적 평등』(철학과 현실사, 1999), 53-56면.

71) 마이클 왈쩌, 다원적 평등, 56면.

"우리는 서로 다른 자질들에 대해서는 서로 다른 의무를 지고 있다"[72]는 파스칼의 말처럼 다양한 가치가 최선으로 발휘되며, 동시에 특정 가치가 독점과 지배를 하지 않는 것이 평등이고, 이는 특정 가치가 지배와 독점을 누릴 수 있는 한국사회의 구조를 개혁하는 기준이 될 수 있으리라 생각한다.

퀘이커(the Quakers)들은 집총거부자들이지만 제1차 세계대전 중 선택적 군복무 형태의 일환으로 구제사업과 구급차 부대에서 일했으며, 제2차 세계대전 중에는 정신병원을 비롯한 인도적인 부문에서 일하는 것도 선택적 군복무 범위에 포함되도록 노력했다.[73] 이후 1947년 미국 퀘이커 봉사협회(Friends Service Committee)는 영국의 퀘이커 봉사협회와 함께 공동으로 노벨 평화상을 받은 바 있다.[74] 이 퀘이커들을 강제로 전투병과에 편입시켜 전장에 내보내는 것이 다른 병사들과 비교해서 평등한 조치라고 주장할 수 있을까? 혹은 이를 사회 정의라고 주장할 수 있을까? 오히려 사회를 위해서도 이들이 자신들의 개인적·종교적 특성을 발휘하여 사회에 기여할 수 있는 길을 열어 주는 것이 다원적 평등에 합치한다고 생각한다. 양심적 병역거부자들이 집총하지 않는 대체복무를 하는 승인의 정치의 실현이 다른 가치를 지배하는 것은 더욱 아닐 것이다. 다원적 평등은 개인의

---

72) 위의 책, 54면 재인용.

73) Peter Brock, Liberty and Conscience —A Documentary History of the Experience of Conscientious Objectors in America through the Civil War (New York: Oxford University Press, 2002)을 참조하면 미국 퀘이커들의 양심적 집총거부의 역사적 사실과 내용을 알 수 있다.

74) 조국, "양심적 집총거부권," 민주법학 제20호, 2001, 136면.

양심의 자유를 실현하는 보장원리인 동시에 '차이'를 인정하는 승인의 정치에 기초한 인권 사회의 가치가 될 것이다.[75)]

제2절 양심의 제한

Ⅰ. 의 의

Jescheck은 "만일 양심이나 확신에 따른 위법의 정당화를 인정한다면 법질서가 구속력 없는 권고(Empfehlung)로 전락하고 신뢰를 잃게 되기 때문"이라고 한다.[76)] 이재승 교수는 확신범과 양심범을 구별하면서 다음과 같이 주장한다.

> 양심범의 행위는 그 목적이나 수행방식이 시인할 만한 것이어야 한다. 이러한 양심을 보편가능한 양심이라고 할 수 있다. 즉 양심의 진정성뿐만 아니라 내용적 측면, 즉 양심내용의 윤리성, 일관성, 행위의 수행방식(작위/부작위), 행위의 비폭력성 등이 고려된다.[77)]

---

75) 승인의 정치에 대해서는 악셀 호네트 / 문성훈 · 이현재 역, 『인정투쟁; 사회적 갈등의 도덕적 형식론』(동녘, 1996) 참조.

76) 클라우스 록신(C. Roxin) / 신양균 역, "형면제사유로서의 양심범죄," 성제 김학수박사 정년퇴임 기념호 제1부 전북대 법학연구, 1991, 85면.

77) 이재승, 앞의 논문, 196면.

양심에 따른 위법의 정당화를 비판하는 Jescheck의 주장은 사실상, 주관주의 양심론에 대한 주된 비판과 그 맥을 같이 한다. 예를 들어 유나버머(unabomber)로 유명한 카진스키(The odore John Kaczynski)가 미국의 첨단시설을 폭파하는 것과 같은 행위도 양심에 따른 행위라는 것인가 라는 비판이 가해진다. 유나버머만큼 자신의 확신이 전인격적인 진지성을 갖는 자도 드물 것이다. 필자의 입장에 따르면 유나버머의 행위는 양심에 따른 행위이다. 단지 이는 뒤에 상술할 제한 원리에 의해 공동체를 위해 제한되어야 하는 것이다. 이재승 교수는 위의 주장처럼 양심범은 정당화요소가 담보된 개념으로 확신범과 구별된다고 하며, 이는 양심의 내용에 대한 평가에 의한 것이라는 입장이다. 이러한 입장은 주관주의 양심론을 따를 경우 양심범과 확신범의 개념상 구별이 어려워진다는 비판에 대한 답변으로 그 의의가 있다고 생각한다. 그러나 양심적 판단에 따른 행위의 정당화 근거로서 '보편화가능성'을 말하는 것은 문제가 있다고 생각한다.

> 양심범은 자기확신, 다수의 지지나 실정법에 따라 간단히 정당화하거나 비난될 수는 없다. 정당화 근거를 자기확신에서 마련한다면 모든 행위가 정당화되고, 평균인의 관점에서 찾으면 소수자의 양심은 집단적으로 배제되고, 국가표준에서 접근하면 법으로부터 이탈하는 행위는 무엇이든 철두철미 금지될 뿐이기 때문이다.[78]

이재승 교수는 보편화가능성이 양심의 정당화 근거임을 설

---

78) 위의 논문, 196면.

명하면서 위와 같은 내용을 주장하였다. 그러나 보편화가능성은 너무도 추상적이다. 또한 '보편화가능성은 무엇인가'의 기준이 명확하지 않으므로 보편화가능성 여부의 심사자의 판단에 전적으로 의존하게 된다. 즉 양심의 내용의 윤리성을 심사할 경우 이 윤리성의 기준이 명확하지 않다는 것이다. 다원적 가치가 존중되는 사회의 다원한 양심의 인정을 위한 근거로는 비현실적일 수 있다. 앞서 지적한 객관주의 양심론의 문제점과 동일한 문제가 발생하게 된다. 그렇다면 이재승 교수가 위에서 지적한 소수자 보호를 원하지 않는 기준을 지닌, 국가 표준을 기준으로 판단하는 법관에게 양심의 보편화가능성 판단을 일임하겠다는 것인가? 양심에 따른 행위를 하는 자는 자신의 행위가 정당하다고 확신하고 있다. 단지 이것이 상호주의 관점에서 공동체를 위해 소극적으로 제한되어야 하는 것인가 아닌가를 심사하는 기준을 제시해야 다원적 양심의 승인이 현실적으로 가능할 것이다. 다시 말해 양심의 정당화 근거를 추상적인 개념으로 설정할 것이 아니라 다양한 양심 중에서 공동체의 공존을 위해 제한하는 원리를 제시하고 이에 따라 제한하는 것이 다양한 양심의 보장을 위해 현실적일 것이다. 또한 다시 추상적 개념으로 기준적 설명(criterial explanation)을 하고자 한다면 문제의 본질이 원점으로 회귀하고 말 것이다. 즉 '보편적이다', '보편적이 아니다'를 주장하는 각각의 입장이 다시 '보편'이란 무엇인가를 놓고 설전을 벌여야 한다.

양심의 자유가 무제한일 수 없고 그 한계가 있음을 부정할 수는 없다. 그러나 인간의 행위와 사고가 분리될 수 없으므로 개별적 사안마다 주관적 양심의 특성에 의거, 그 행위가 양심에 따른 행위인가를 결정하고 이를 다시 제한의 원리에 의거하여 제한해야 할 것이다. 행위의 내용에 따라 양심에 따른 행위인지 아닌지를 구별하는 것이 아니라 개념적 준거를 통해 양심에 따른 행위인가 아닌가를 판단해야 한다. 어떤 인간의 행위가 있을 때 이 행위가 양심에 따른 행위인가를 결정하는 것은 그 내용의 평가에 의한 것이 아니다.

> 양심의 결정은 어떠한 특정한 내용적인 성질도 전제하지 않는다. 법관이 심사해야 하는 것은 단지, 양심의 결정으로서 외부에 표명된 것이 진정 거부할 수 없는 명령의 성격을 띠는가, 전인격을 사로잡는 윤리적인 명령의 진지함을 가지는가 여부일 뿐이다(BVerfGE 12.55).[79)]

위의 내용에서도 알 수 있듯이 어떤 행위를 평가할 때, 그 행위가 양심에 따른 행위인가를 결정하는 것은 전술한 양심의 개념에 입각한 그 본질의 특성에 따른 것이지 내용적, 객관적 평가가 아닌 것이다. 물론 개인적 확신에 따른 행위와 양심에 따른 행위는 구별되는데, 이는 그 내용에 의해 구분되는 것이 아니라 '양심'과 '확신'의 개념의 해석으로 구분되는 것이다. 그 누구도 양심의 내용이 옳다, 틀렸다, 착오되었다 등으로 평가할 수 없으며, 단지 그 내용이 사회적으로 용인될 수 있는 것인가

---

79) 클라우스 록신, 앞의 논문, 86면 재인용: 양심의 결정은 어떤 의미에서, 예컨대 '그릇된', '틀린', '올바른' 것으로 평가되어서는 안 된다(aaO., S.56).

를 제한원리와 다른 원리를 통해 점검하는 것이다.

양심의 내용은 객관적 기준을 가질 수 없다. 즉 당해 사안이 양심의 특성에 비추어 1) 양심의 문제에 해당하는가를 판단하고 양심에 해당한다면 2) 이 양심의 발현이 제한되는가를 판단하여 그 자유를 보장하고 그렇지 않으면 실정법에 따라 처분하는 것이다. 개인의 '양심'에 따른 모든 행위가 정당화될 수는 없다. 법이 보호하는 양심의 자유는 정당화된 양심인 것이다.[80)]

---

80) 양심의 내용은 기준적으로 평가할 수 없음을 드워킨의 주장을 인용하여 살펴보면: "다음의 논증을 보자. 만일 두 법률가가 실제로 법이란 단어를 사용함에 다른 규칙을 따른다면 법에 대한 진술이 참 혹은 거짓일 때를 결정하는 다른 실질적 기준을 사용하는 것이고, 그가 법이란 무엇인가를 말할 때 각자는 상대방과 다른 무언가를 의미함에 틀림없을 것이다. 그래서 한 사람이 거부하고 다른 사람이 이 진술을 지지할 때 두 판단은 어떤 것에 대해 정말로 불일치하는 것은 아니다. 그들은 단지 서로 범위를 넘은 것을 말하고 있는 것이다"(법의 제국, 43-4). 드워킨은 기준적 설명(criterial explanation)은 두 가지 주장 중 기준에 의거하여 하나는 옳고 하나는 틀린 것으로 판정하는 것으로, 이러한 기준적 설명은 잘못된 것이라고 비판한다. 필자도 이러한 입장에 동의하는데, '과실'에 대한 기준이 한국인과 미국인이 동일할 수 없듯이 내용의 평가를 위한 기준의 설정은 불가능하다고 생각한다. 전술한 풀러의 사례에서도 양심의 객관적 내용적 평가는 무엇이라 할 수 있겠는가? 아무도 먹히지 않고 모두 굶어 죽는 것만 내용상 양심에 해당한다고 할 수 있는 것일까?

Ⅱ. 양심의 자유의 제한요건

1. 타인의 온전함에 대한 자유(Einfaltungsfreiheit)[81]

현직 검사가 피의자를 조사하는 과정에서 고문을 했다. 수사상의 현실적 문제가 있으니 어쩔 수 없지 않느냐는 주장도 있었다. 이것이 정당화될 수 있을까? 얼마 후 이러한 고문 사실이 밝혀지면서 당해 검사도 피의자가 되었다. 과연 이 검사는 자신에게 고문이 가해진다면 이를 수용할 수 있을까? 고문은 수사상 필요악이라고 주장하는 사람이 있다면, 이는 분명 자신은 피의자가 될 가능성이 없다는 확신이 전제되어 있다고 할 수 있다. 이처럼 인간은 종종 스스로를 객관화시키지 못하고 타

81) '타인의 온전함에 대한 자유'는 신양균 교수의 번역을 따른 것이고, 이 번역에 대해 역자는 다음과 같은 설명을 필자에게 해주셨다. 다음은 역자의 설명이다; Maihofer 화갑기념논문집에 쓴 Roxin의 글에 보면 원문은 다음과 같습니다. "Denn die Persönlichkeitsentfaltung, die den einzelnen durch die Betätigung der Gewissensfreiheit ermöglicht wird, darf nicht die Einfaltungsfreiheit anderer auschliessen"(S.400). 따라서 원문에 따르면 Einfaltung이 맞습니다. 여기서 필자는 Entfaltung과 대구의 형태로 Einfaltung이라는 단어를 쓴 것으로 생각했습니다. 사전에서 이 단어를 찾기는 어렵지만 복합명사의 의미상 entfalten의 반대로 "내면으로 접는다"는 의미를 가진 듯하며, 따라서 자신의 내면을 지키려는 것을 Einfaltung이라고 표현하지 않았나 생각했습니다. 그러니까 Einfaltungs-freiheit란 타인이 [자신을 Dasein으로서 지킬 자유]를 의미하고 바꾸어 말하면 [타인의 온전함에 대한 자유]가 아닐까 생각했습니다.

자를 대상화하는 오류를 범한다.

특히 이기적 존재인 인간은 자기중심적 세계관을 가지고 무분별하게 양심에 따른 행위임을 주장하며 자기 외의 권리의 주체들을 대상화할 가능성이 크다. 그러나 이 이기적 존재 역시 또 다른 존재에게 대상화될 수 있음을 깨달아야 할 것이다. 홉스는 "사람은 자기가 타인에게 허락하는 만큼의 그 자신에 대한 자유와 같은 정도의 자유를 타인에 대해 갖는 것으로 만족해야 한다"[82]라고 하는데 이러한 자유의 '호혜성'(reciprocity)뿐만 아니라 현실에서 인간은 모두 자유의 주체이고 이 자유의 실현은 그것을 평가하는 다원한 가치의 관계에서 확정되는 것이라고 할 수 있다. 이때 전술한 바와 같이 자신의 양심의 자유를 실현하기 위해 이 자유의 전제가 되는 자유권인 '인신의 자유권'을 타인에 대해 침해할 수 없다는 것이다.

필자는 클라우스 록신이 표현한 '타인의 온전함에 대한 자유'(Einfaltungsfreiheit)의 개념을 수용하면서, 이를 우리 헌법논의에 따라 재해석하여 양심의 자유의 기초가 되는 '인신의 자유권: 생명권, 신체를 훼손당하지 아니할 권리, 신체의 자유'를 타인의 온전함에 대한 자유로 보고자 한다. 몇 가지 예를 들어보자.

가. 종교상의 이유로 자신이 수혈을 거부하여 사망하는 경우는 양심의 자유로 인정할 수 있지만(이때 국가가 개입하여 강제로 수혈받게 하는 것은 양심의 자유를 침해하는 것이다), 동일한 이유로 자

82) 홉스 / 한승조 역, 『리바이어던』(삼성출판사, 1982), 229면.

녀를 사망하게 하는 것은 인정할 수 없는 것이다(부모가 형사처벌을 받게 된다).

나. 부모를 죽인 원수를 유교원리에 입각한 양심에 따라 살해한 경우도 양심의 자유로 인정될 수 없다. '부모를 죽인 원수와 한 하늘 아래 살지 마라'를 실천함에 자신의 목숨을 끊는 것은 인정할 수 있다.

다. 물질문명을 거부해야 한다는 가치관의 실현을 위해 본인이 은둔하는 것은 인정할 수 있으나 첨단시설을 폭파한다든지 엔지니어를 감금하는 등의 행위도 인정할 수 없다. 모든 사례를 열거할 수 없지만 이처럼 양심의 자유는 타인의 온전함의 자유를 침해하지 않을 때 보장될 수 있을 것이다.

2. 상호주의적 양심

전술한 바에 따라, 개인은 개별적으로 주관적 양심을 갖게 되는데, 이 양심을 타인에게 강요할 수는 없다. 본인에게 이것은 절대적일 수 있지만, 본인처럼 타인도 양보할 수 없는 나름의 양심을 가지고 있기 때문이다. 그러나 아직 주관이 형성되지 않은 미성년자의 경우를 포함하여, 심신상실자나 심신미약자처럼 그 양심의 내용을 확인할 수 없는 경우 매우 심각한 문제가 발생할 수 있다.

가령 특정 종교의 신앙을 가진 부모가 그 교리에 따라 자신의 미성년인 자녀가 질병으로 치료를 요할 경우, 치료를 거부해 사망하게 한다거나 혹은 수혈을 거부할 것을 자신의 양심에 따라 자신의 자녀에게 강요할 수 있기 때문이다. 법적인 처벌여부는 별론으로 하고, 먼저 이 사안이 양심의 문제에 해당되느냐를 논한다면, 어떻게 되는가? 이를 정리해 보면, 1) 사회적으로 승인된 도덕 —질병은 치료해서 소중한 생명을 구해야 한다— 에 반하는 부모의 주장을 양심의 문제로 볼 수 있는가. 2) 부모의 주장을 '양심'의 문제로 인정했을 때 이를 자녀에게 적용하는 것도 양심의 문제인가. 우선 부모가 자신의 질병에 대해 자신의 양심에 따라 치료를 거부한다면 전술한 바에 따라 이는 양심의 문제라고 할 수 있다. 그리고 아직 주관이 형성되지 못한 자신의 미성년 자녀에게 자신의 양심의 결정과 동일한 처분을 하는 것도 양심에 따른 행위라고 할 수 있다.

먼저 특정 종교의 교의에 따라 그 진실성의 관점에서 판단했을 때 사회의 지배도덕의 내용인 자녀의 치료보다 종교적 신념을 당해 부모가 더 강력한 가치관으로 수용했음을 인정할 경우 그러하다. 그러나 피보호 상태의 어린이를 보호자의 양심에 따라 치료 혹은 수혈의 거부로 사망하게 한다면 이는 분명 상호주의적 양심의 원리에 입각하여 정당화될 수 없으며 이러한 양심의 자유는 제한되어야 한다. 그 근거는 타인의 온전함을 침해할 수 없음을 양심의 자유의 제한원리로 제시할 때 설명한 것처럼, 당해 부모는 자녀의 양심이 자유롭게 형성될 근간인 자녀의 생명을 박탈한 것이며 이는 양심뿐만 아니라 그 자녀가 향유할 모든 권리의 근간을 소멸시킨 것이기 때문이다.

상호주의적 양심에 따르면, 심신미약자나 심신상실자와 같이 그 양심에 따른 판단을 확인할 수 없을 때, 그 처분은 사회적으로 승인된 도덕에 따르는 것이 합리적일 것이다. 여기서 분명 사회적 도덕은 어떻게 알 수 있는가 또는 보호자의 양심을 강요할 수 없듯이 사회적 도덕도 강요할 권리는 없는 것 아닌가라고 의문을 제시할 수 있겠지만, 독특한 양심을 소유한 소수자를 제외하고 굳이 홉스나 하트를 인용하지 않더라도 사회가 자살클럽이 아닌 이상 생명체가 생존을 추구한다는 것을 부정할 근거는 없는 듯하다.

이러한 측면에서 양심은 자기 결정적이며, 이는 자신의 양심의 자유를 보장받고자 하는 만큼 타인의 자유도 보장해야 한다는 근거에 기인한 것이다. 보호자가 피보호자에게 자신의 양심을 강요하는 상황은 양심의 문제에 해당하지만 상호주의 양심의 취지에 따라 제한해야 할 것이다. 또한 미성년자처럼 주관적 양심을 확인할 수 없는 경우는 개인의 양심이 개인의 주관적 도덕에 기반하고 있으므로 그것을 사회적 도덕으로 추정하여 처분함이 합리적일 것이다. 위의 예에서처럼 아직 그 주관이 형성되지 못한 어린이가 꼭 그 부모의 양심과 동일한 양심의 내용을 갖게 될 것이라고 추정하는 것은 비합리적이고, 생명을 유지하고자 하는 생명체의 본능적 특성을 고려하면 더욱 그러할 것이다.

나의 자유를 보장받고 싶은 만큼 타인의 자유도 보장해야 한다는 상호주의는 자신의 종교적 신념을 지키고자 하는 부모의 양심의 자유만큼 건강하게 살고자 하는 어린이의 권리 역시 존중되어야 하는 것을 그 내용으로 하여 양심의 자유를 제한하는 중요한 제한원리가 되는 것이다. 결국 양심적 거부—수혈 거부든 병역 거부든 간에—는 개인의 양심(도덕적 주관적 당위의식)이 사회의 지배적 도덕과 이율배반 할 때 발생하는 것이고 사회적 승인의 도덕을 따르지 않는 양심의 소유자는 소수이므로 이에 대한 정당화나 처분의 문제는 '소수자'의 문제로 되는 것이다. (양심에 따른 행위가 실정법을 위반하는 경우도 당연히 포함된다.)

3. 선택의 가능성

양심적 거부로 인해 실정법을 위반하는 경우, 주로 당사자의 심리적 측면에 주목하여, 정신병적 행위로 인식하는 경향도 있으나, 이러한 문제는 형법상 책임능력의 문제로 다루어져야 할 문제이지 양심의 문제로 다룰 사안이 아니다. 즉 양심의 문제로 논의할 문제인가의 판단은 양심인가 아닌가의 문제이지 심리적·병리적 특이성을 의미하는 것은 아니다. 다시 말해 정신질환이나 특이체질 혹은 우울증과 같은 질병에 의한 특수한 가치관에 따른 행위나 충동적 행위는 양심의 영역에 포함되지 않는다. 양심에 따른 행위에는 심리적으로나 병리적으로 심신(心神)이 정상인 것을 전제로 하고 있다.

군형법 제44조 항명죄의 경우처럼 양심적 거부는 주로 형법상 부작위범의 형태로 나타난다. "…한 자"를 처벌하는 작위범은 "…을 해서는 안 된다"라는 금지규범을 위반한 것이다. 이에 반하여 "…하지 아니한 자"를 처벌하는 부작위범은 "…을 하여야 한다"라는 요구규범(명령규범)을 위반한 것이다.[83] 그런

83) 임웅, 『형법총론』(법문사, 2001), 468면.

데 이 부작위범에는 구성요건의 규정형식이 부작위로 되어 있는 것을 현실적으로도 부작위에 의하여 실현한 진정부작위범과 법정의 구성요건이 작위의 형식, 즉 '금지규범'의 형식으로 규정되어 있는 것을 현실적으로는 부작위로써, 즉 '요구규범위반'을 통하여 실현하는 구조를 취하고 있는 부진정부작위범이 있다.[84] '양심적 거부'라는 말에서도 알 수 있듯이 양심적 거부는 어떤 작위의무를 양심상 거부하는 양상으로 나타난다고 할 수 있다. 예를 들어 집총거부의 경우처럼 "거부자가 상관의 정당한 명령에 반항하거나 복종하지 아니한 자"에 해당하여 군형법에 의한 처벌을 받는 형식으로 나타나는 것이다.

여기서의 중요한 논점은 양심적 거부의 행위가 주로 부작위범의 양상으로 나타났을 때 이것의 처리문제이다. 이때 양심적 거부자가 구성요건을 실현했다면 양심에 따른 행위라고 해서 초법적 대우를 받는다거나 법적 판단을 떠나 그 행위가 정당화된다거나 하는 것은 있을 수 없다는 것이다. 다만 이때 양심에 따른 행위가 선택의 여지가 없는 경우라면 이는 책임의 영역에서 기대가능성의 문제로 논의할 수 있을 것이다. 법적 작위의무가 있는 경우 양심에 따라 이 의무를 거부할 때, 선택의 여지가 있다면 이 행위는 정당화될 수 없다. 선택의 여지가 없을 경우에만 책임의 영역에서 '기대가능성'의 문제로 다룰 수 있을 것이다. 이에 대한 구체적 논의는 다음 장에서 사례를 통해 다루도록 하겠다.

---

84) 위의 책, 468-469면.

제4장

양심이론의 적용사례

제1절 낙태시술 거부로 임산부를 사망케 한 사례

Ⅰ. 사례 구성의 의의

록신(C. Roxin)은 낙태가 자신의 양심과 부합할 수 없기 때문에 임산부를 죽게 한 의사는 처벌되어야 한다고 하고, 처벌근거로 그런 범죄자들은 그 피해자들로부터 생명을 빼앗음으로써 양심활동의 자유를 포함하여 다른 모든 기본권도 빼앗은 것이기 때문이라고 하였다.[85] 록신은 양심범의 처벌에 대한 문제를 다루면서 위의 의사와 종교적 입장으로 아이의 치료를 거부하여 사망에 이르게 한 부모를 예로 들어 설명하고 있는데 필자는 후자의 경우를 양심의 자유의 제한원리인 상호주의를 통해 설명한 바 있다. 전자는 어떠한 원리로 제한할 수 있을까? 이러한 의사의 사례를 가지고 전술한 필자의 입장에 따라 논의를 전개해 보도록 하자. 만일 응급의료기관의 의사가 종교적 신념으로 양심상 낙태는 살인이라고 판단하고 임산부인 응급환자의 생명을 살리기 위한 낙태시술을 거부하여 사망에 이르게 했을 경우를 다루어 보도록 하겠다.

85) 클라우스 록신, 앞의 논문, 11면.

Ⅱ. 양심여부의 판단

전술한 양심의 개념에 따라 이 의사가 강한 자발적 도덕의식으로 도저히 낙태를 시술할 수 없는 경우라면 이는 양심에 따른 행위라고 보아야 한다. 양심인가 아닌가의 문제는 그 내용의 진리성이 아니라 진실성에 있다고 논의한 바 있다. 태아의 생명의 존엄성과 산모의 생명의 존엄성을 형량하는 것과 별개로 이 의사가 자신의 자발적 도덕의식에 따라 도저히 낙태를 할 수 없었다면 이는 양심에 따른 행위라고 보아야 할 것이다.

Ⅲ. 양심의 자유의 제한여부

1. 선택의 가능성에 관한 평가

응급의료기관의 의사는 응급의료에 관한 법률에 따라 응급환자를 구조해야 할 법적 작위의무가 있다.[86] 이를 거부하여 부

86) 응급의료에 관한 법률 제5조(응급환자에 대한 신고 및 협조의무) ① 누구든지 응급환자를 발견한 때에는 즉시 이를 응급의료기관 등에 신고하여야 한다. ② 누구든지 응급의료종사자가 응급의료를 위하여 필요한 협조를 요청하는 경우에는 이에 적극 협조하여야 한다.
제6조(응급의료의 거부금지 등) ① 응급의료기관 등에서 근무하는 응급의료종사자는 응급환자를 상시 진료할 수 있도록 응급의료업무에 성실히 종사하여야 한다. ② 응급의료종사자는 업무중에 응급의료를 요청 받

작위로 인해 사망케 하였을 때, 이 의사의 양심에 따른 행위는 정당화될 수 있겠는가?

이 경우 이 의사가 어떤 상황에 처해 있었는가를 고려해야 한다. 즉 현장에서의 선택가능성이 중요한 쟁점이 될 것이다. 만일 이 의사가 응급의료기관 내에 있었다면 이는 정당화될 수 없다. 다른 의사에게 도움을 청해 본인이 낙태시술을 하지 않아도 임산부의 생명을 구할 수 있는 선택의 여지가 있었다고 볼 수 있다. 또한 낙태시술이 아닌 생명의 위급함을 구조하는 응급조치도 거부할 이유는 없다고 할 수 있다.

의사가 의료기관 밖에 있었다고 하여도 낙태시술이 아닌 응급조치와 응급환자 발견시 신고의무의 이행은 당해 의사의 양심과 관계가 없으므로 선택의 여지가 없다고 할 이유가 없다. 병원 밖에서 이러한 상황에 직면했다면 이 의사는 응급조치와 응급환자 발견시 신고의무를 이행했어야 할 것이다.

단지 통신수단이 전혀 없는 깊은 산중이나 폭우로 인해 섬에 고립된 상태에서 외부로 연락할 방법이 전혀 없는 경우, 낙태를 제외한 응급조치와 구조의무를 성실히 이행했음에도 불구하고 양심에 따라 낙태시술을 하지 않아 임산부를 사망케 하였다면 선택의 여지가 없었다고 할 수 있을 것이다.

거나 응급환자를 발견한 때에는 즉시 응급의료를 행하여야 하며 정당한 사유 없이 이를 거부하거나 기피하지 못한다. [전문개정 2002.3.25]

2. 타인의 온전함에 대한 자유의 침해여부

예를 들어 물질문명을 거부하는 내용의 가치관을 가진 자가 스스로 자신의 양심에 따라 고립된 환경을 택하여 산중에 은거하는 것은 양심에 따른 행위로, 이 자에게 강제로 도시에 살 것을 강요할 수 없다고 설명한 바 있다. 그러나 양심의 자유의 제한 요건으로 타인의 온전함에 대한 침해를 들면서 첨단 빌딩을 폭파하거나 엔지니어를 감금하는 것은 타인의 온전함을 침해하는 것이므로 제한된다고 설명했다.

그러나 위의 경우 과연 적극적으로 의사가 어떤 양심에 따른 행위를 하여 임산부를 사망케 한 것이 아니고 낙태시술을 하지 않아 사망에 이르게 한 것으로, 빌딩 폭파와 같은 작위의 행위가 아니라 타인의 온전함에 대한 침해가 부작위로도 가능할 것인가가 문제가 될 수 있다.

이에 필자는 임웅 교수가 제시한 부진정부작위범에 있어 충전적 해석에 의하여 도출해야 할 특유한 '불문(不文)의 객관적 구성요건'의 내용을 수용하여 이 문제를 해결하고자 한다.[87] 부작위범이 성립하기 위하여는 '구성요건적 상황'이 존재해야 한다. 구성요건적 상황이란 법익이 침해될 위험에 처한 상황으로서 일정한 동작, 즉 작위가 요구되는 객관적 사태이다. 예컨대 어린이가 물에 빠져 허우적거리며 익사할 위험에 처한 상황을 말한다.[88]

---

87) 임웅, 앞의 책, 469-470면.

88) 위의 책, 469면.

〈부진정부작위범의 不文의 객관적 구성요건〉

① 법익침해를 방지할 작위가 가능할 것
② 작위가 법익침해의 방지를 위하여 필요한 것일 것
③ 일정한 작위의무가 법적으로 요구되는 보증인일 것
④ 작위의무자(보증인)의 부작위가 있을 것
⑤ 부작위가 작위에 의한 구성요건실현과 동가치하다고 평가될 것 (행위태양의 동가치성 내지 상응성)
⑥ 결과범에 있어서는 인과관계가 있을 것[89]

위의 내용을 통해 당해 사안을 검토해 보자. 의사가 낙태시술을 할 수 있는 조건이라면 ①은 해당할 것이고 ②는 이미 사례구성 할 때 전제한 것이다. ③의 문제가 당해 사례에서 핵심사항인데, '응급의료에 관한 법률' 제6조에 따라 당해 의사가 업무중이라면 법적 보증인이라고 할 수 있다. 그러나 의사가 업무중이 아닌데 당해 사안을 직면했다면 동법 제5조에 따른 신고와 협조의무만 있다고 해야 할 것이다. 결국 당해 의사가 의료기관 내에서 다른 의사에게 알려 시술할 수 있음에도 조치를 취하지 않았거나 의료기관 내에 혼자 있었을 경우에도 다른 의사에게 알리지 않고 상황을 회피했다면, 또 다른 의사가 오기 전까지 낙태시술 외의 응급조치도 하지 않았다면 부작위에 의한 타인의 온전함에 대한 자유를 침해했다고 할 수 있을 것이다. 의료기관 밖의 경우에서도 동법 제5조가 정하는 신고와 협조의무를 회피하였다면 역시 부작위에 의한 침해가 성립한다고 보아야 할 것이다. 이에 따라 당해 의사는 극히 예외적인 상황

89) 위의 책, 469-470면.

하에서만 그의 양심에 따른 낙태시술 거부행위를 정당화할 수 있을 것이다.

제2절 제7일안식교의 신자인 병사의 안식일의 훈련거부

Ⅰ. 사례구성의 의의

만일 병역거부나 집총거부를 하지 않은 안식교도인 병사가 군에 입대하여 성실히 군 생활을 하고 있다고 가정해 보자. 이 병사가 토요일을 안식일로 하는 안식교의 교의에 따라 안식일을 보장해 줄 것을 요구하며 토요일의 훈련을 거부하였다. 이러한 거부행위는 양심에 따른 행위라고 할 수 있는가? 또 양심에 따른 행위로 양심의 자유를 보호해 주어야 하는 것일까?

Ⅱ. 양심여부의 판단

안식교의 교설은 토요일을 안식일로 정하여 종교적 신앙행위 이외의 활동을 금지하고 있다. 그러나 국방부는 수요일 저녁과 일요일 오전을 공식적인 종교활동의 시간으로 지정하여 병사들의 종교활동을 장려하고 있다. 이러한 안식교의 교리에 따라 토요일의 훈련을 거부한 병사의 행위를 양심에 따른 행위라고 할 수 있겠는가?

필자는 제2장 양심의 개념을 서술하면서 선택적 집총거부의 문제를 거론한 바 있다. 이는 일관성 있게 집총을 거부했는가 아닌가의 문제를 말하는 것으로 이 문제에 대해서는 양심의 문제인가 아닌가의 여부를 판단하는 것은 양심의 개념에 의한 것이지 그 행위가 선택적인가 일관된 것인가 하는 것과는 무관하다고 주장했었다.

당해 병사가 입영을 양심에 근거하여 거부하지 않고 자발적으로 행했다면 이는 입영 이후 군인으로서의 임무와 책임을 다하겠다는 의사를 표명한 것이고, 이는 전술한 선택적 거부의 문제와도 무관한 사항이 될 것이다. 양심은 자발적 도덕의식이라고 설명한 바 있다. 특히 군은 그 조직의 특수성으로 인해 일반 국민과 비교하여도 기본권 제한이 상대적으로 많을 수밖에 없는 현실이다. 이에 대해 각각 별개의 사안마다 양심에 따른 거부의 문제를 논의할 수는 없을 것이다. 이러한 이유에서 안식교의 교의에 따른 토요일(안식일)의 훈련 거부는 양심의 문제가 될 수 없다.

만일 당해 병사가 군인이 되는 것은 자신의 양심에 반하지 않으나 토요일에 훈련하는 것은 양심에 반한다고 주장한다고 해도, 양심적 거부는 자신의 주관적 도덕과 사회의 지배적 도덕이 이율배반 하는 상황에서 자신의 도덕을 따르는 것을 선택함으로써 발생하는 것이지 각각의 사안에 따라 양심의 내용이 다양한 양상으로 이율배반 하는 상황까지 포함하는 것은 아니다.

다시 말해 군에 가는 것은 괜찮지만 군 생활을 하는 과정에서 가령 전투복의 색상이 양심에 반해 못 입겠으니 혼자만 다른 디자인의 전투복을 달라든지 특정 요일에 훈련하는 것을 중지해 달라든지 하는 요구는 양심의 영역에서 논의할 여지가 없다는 것이다. 이미 제2장 양심의 개념에서 밝힌 것처럼, 양심은 그 내용의 진리성으로 심사하는 것이 아니라 그 진실성에 근거하는 것이다. 자신의 전인격적 문제에 해당하지 않는 부수적인 문제나 개인의 성향, 기타 기호는 양심과 관련이 없는 것이다. 당해 사안의 경우 안식교와 다른 종교 간의 형평성의 문제는 제기할 수 있을 것이다. 그러나 양심적 거부의 문제는 될 수 없다.

Ⅲ. 다원적 평등에 따른 보장여부

만일 안식교가 국방부가 공인하고 있는 종교(천주교, 개신교, 불교)가 아니라는 이유로 종교활동에 차별을 받았다면 이는 불평등하다고 할 수 있다. 그러나 국방부가 공인하여 종교활동을 장려하는 종교의 경우도 훈련시나 기타 비상시에 사정에 따라 예배나 미사, 법회에 참석하지 못하는 경우가 발생하는 것이 현실이다. 또 군과 군인이라는 신분의 특성상 이러한 점은 감수해야 할 요소라고 할 수 있다.

다원적 평등이란 한 영역 안에서 혹은 다른 사회적 가치와 관련하여 시민이 지닌 어떠한 위치도 어떤 다른 영역 혹은 다른 가치와 관련된 그의 지위 때문에 침해당할 수 없다는 것을 의미한다고 전술한 바 있다. 종교의 영역에서 안식교라는 종교의 가치가 타 종교와 비교하여 인정받지 못하고 차별을 받는다면 이는 분명 부정의한 것이다. 또한 안식교도라는 이유로 다른 가치, 예를 들어 군인의 경우 휴가의 불이익이나 근무상의 불이익을 받는다면 이 역시 부정의한 것이 된다. 그러나 안식교도라는 이유로 종교 외의 다른 가치의 영역인 군의 훈련에서 다른 성원들과 다른 처분을 주장하는 것은 오히려 다원적 평등의 의미에 반하는 것이 된다. 문제는 종교라는 가치의 영역에서 안식교가 다른 종교적 가치와 비교하여 차별을 받았는가 그리고 안식교도라는 이유로 종교 외의 가치 영역에서 불이익을 당했는가가 문제가 되는 것이다.

'차이'를 인정하는 차이의 정치가 추구하는 이념에 비추어 보면, 예를 들어 개신교가 일요일과 수요일에 주로 종교활동을 하는 것을 기준으로 모든 종교인에게 이를 강요하는 것은 부당하며 종교의 차이를 존중하는 것이 타당할 것이다. 실재로 안식교도인 병사가 토요일에 종교활동을 할 수 있도록 당시 여건에 따라 배려하는 조치를 취한 경험상의 기록이 있으며, 이러한 차이의 인정은 병사 개인과 부대에 모두 기여한 바가 있었다. 이러한 점이 바로 차이의 정치의 의미라고 생각한다. 그러나 이는 개별적인 사안에 대한 특정 집단이나 단체의 정책적 고려의 문제이지 양심의 문제는 아닌 것이다.

또한 차별이 없는 상황에서 종교적 가치를 다른 영역에서 관철시키기 위해 자신의 직무상의 의무를 거부하는 것은 다원적 평등에 반하며 정당화될 수 없다. 가령 시민의 안전을 지키는 임무를 부여받은 자나 기타 항공기, 전철 등의 승무원들이 시민과 승객의 안전을 위한 의무를 다른 가치의 실현을 위해 거부한다면 이는 용납될 수 없을 것이다. 다원적 평등의 입장에서의 평등은 동일한 날 획일적으로 종교활동을 하는 것이 아니라 차이를 인정하여 다원한 가치가 보장되는 것을 의미한다. 그러나 종교적 가치를 근거로 다른 가치의 영역을 침해하는 것은 오히려 평등에 반하는 것임을 인식해야 할 것이다. 만일 안식교의 교의에 따른 훈련거부의 행위가 양심의 문제에 해당한다고 하더라도 다원적 평등의 원리에 의해 보장될 수 없다.

제5장

열린사회의 양심론

필자는 '양심은 무엇인가'라는 양심의 개념은 언어 공동체가 사용하는 양심이란 단어의 분석과 그 역사적 · 문화적 · 정치적 · 종교적 배경 등을 인식하는 것을 토대로, 더 나아가 그 사회에 가장 적절한 개념을 찾아내고, 그 사회가 지향하고자 하는 목적을 통해 구성하는 것이라고 주장하였다. 다시 말해 양심의 개념을 밝히는 것은 양심이란 단어의 어원을 밝히거나 이미 전제되어 있는 개념을 찾아 그 옳고 그름을 판단하는 것이 아니다. 일종의 해석적 차원에서 더 적합한 개념을 선택하여, 목적에 부합하도록 구성하여 그 언어 공동체에서 그 개념이 승인되도록 하는 설득의 과정을 포함하는 것이다. 어떤 언어공동체에서 그 개념이 어떻게 해석되고 의사소통 되는가는 그 구성원들의 사고를 지배하는 요소이므로 매우 중요하다.

예를 들어 한 사회의 '인권'의 척도를 알고자 한다면 그 사회에서 승인된 '인권'의 개념을 살펴보아야 한다. 이렇듯 사회적으로 승인된 해석적 관행으로부터 법률가 역시 성원으로서 자유롭지 못하므로 법적 해석에 영향을 미치게 되는 것은 필연적이라고 할 수 있다. 가령 한국사회에서 승인된 도덕의식인 [유교의 예(禮)사상]법문화 전반에 영향을 미치는데 존속살해죄를 보통살인죄보다 가중처벌하는 것을 합헌이라고 주장하는 학설이 다수설인 것을 보아도 그러하다.[90] 우리 형법이 '비속'살해죄의

90) 이정훈, "조선시대 예의 법적 특성에 관한 연구," 「법사학연구」 제33호(2006); 조선시대 '복수'나 '강상' 등 형사재판에 관한 법해석론을 참조.

가중처벌규정은 두지 아니하면서도 '존속'살해죄의 가중처벌규정을 특별히 두고 있는 것은 위헌이라는 주장[91]의 타당성을 생각해 보아도 이성적 판단에 앞선 정서적·문화적 요소가 존재한다는 것을 쉽게 알 수 있다.

미국에서 노예였던 흑인을 백인과 동일한 판단력을 지닌 인격체로 인정하기까지 시간이 많이 걸려야 했다. 바로 이러한 요소를 제거하는 데 소요된 시간이라 생각한다. 동남아시아 지역에서 온 외국인을 차별하는 한국사회가 그들을 차별의 대상이 아니라 한국인과 동일한 인권의 주체로 인식하는 것 역시 시간이 걸릴 것이다. 그러나 이것은 그저 시간의 경과를 기다리는 것으로 이루어질 수 없는 것이다. 그래서 개념을 밝히는 일은 이성적, 합리적, 보편적 사고 외의 편견, 관행 등의 요소를 제거하는 것이고, 언어 공동체에 이를 설득하는 과정이 되는 것이다.

필자는 양심의 본질적 특성을 다음과 같이 주장하였다. 첫째 양심은 자발적인 도덕의식이라는 것이다. 강요나 제재에 의해 변화하는 것은 양심에 따른 것이라 할 수 없다. 따라서 양심적 거부는 양심의 판단과 지배적 규범의 이율배반이라고 설명했다. 이에 따르는 양심적 판단의 도덕적 지위와 양심과 법을 준수할 도덕적 의무에 대해서도 검토하였다. 둘째 양심은 주관적 도덕이라고 주장했다. 여기서는 도덕적 판단은 주관적이며 이에 따르는 양심과의 관계를 논의하고 아울러 양심의 착오를

91) 임웅, 『형법각론』(법문사, 2001), 30면.

검토하였다.

위의 양심 개념을 따를 때 양심의 자유는 단순한 기본권의 개별항목이 아닌 포괄적 자유권이며 자유의 본질이라고 주장했다. 이러한 이유에서 또한 우리 사회의 요구와 목적에 합치하는 양심의 자유의 보장 원리로서 차이의 정치, 승인의 정치에 부합하는 다원적 평등의 개념을 수용하였다. 모든 자유가 그러하겠지만 양심의 자유는 일정한 제한을 갖게 되는데, 타인의 온전함에 대한 자유, 다시 말해 타인의 인신의 자유권을 침해해서는 안 되며 양심의 실현이 지배적 규범과 이율배반 하는 경우 선택의 여지가 없는 경우에 한하여 정당화될 수 있다고 하였다. 그리고 양심의 자유는 상호주의적인 것이고 이것이 또 하나의 제한 원리가 됨을 설명했다. 끝으로 이 주장들이 적용되는 사례도 구성해 보았다.

그렇다면 그 사회(언어공동체)가 갖는 기존의 관행과 여러 요소들을 고려할 필요 없이, 이상적인 개념을 새로 구성하면 되지 않겠는가라는 의문을 제기할 수 있을 것이다. 그러나 그 사회가 지향해야 할 목적을 발견하기 위해서는 그 사회의 가장 중요한 문제의 핵심을 찾아야 하고 이를 찾기 위해서는 여러 요소의 인식이 필요한 것이다. 여러 가지 질병에 걸려 치료가 필요한 환자에게 동시에 모든 병을 완벽하게 소멸시킬 처방을 한다는 것은 현실적으로 불가능하다. 그러나 가장 위중하여 응급한 병이 무엇인가를 파악하여 처방하는 것이 현명한 방법일 것이다. 물론 이 처방에는 다른 부작용이 있을 수 있다. 그러나 이 부작용이 생명을 위급하게 하는 치명적인 요인을 제거하는

데 부수적인 것이라면 감내할 수 있을 것이다. 따라서 한국사회에 적합한 양심 개념은 주관주의적 양심 개념이 될 것이며, 양심인가 아닌가의 판단은 그 객관적 내용이 기준이 되는 기준적 설명이 될 수 없다는 것이다.

또한 병역 문제 외에도 한국사회엔 다원적 가치, 차이의 승인이 가능한 정치가 가장 시급한 문제라고 할 수 있으며, 이러한 요소를 고려하였을 때 한국사회에 적합한 양심 개념은 필자가 전술한 개념이라는 주장인 것이다. 그러나 전술한 주관적 양심의 자유는 공동체를 위한 일정한 제한을 갖게 된다. 또한 양심적 병역거부와 같은 양심의 온당한 실현을 위한 거부는 정당화되며 그 실현은 법적으로 보호되어야 하는 것이다. 그 제한 요건에 의해 제한되는 양심은 양심이 아닌 것이 아니라 공동체의 삶을 위해 제한되는 것이다. 개념을 구성하는 과정은 그 공동체의 성원들을 설득하는 과정도 포함된다고 주장하였다. 이렇게 구성된 개념은 고정불변의 진리일 수 없으며, 다시 그 공동체의 요구에 의하여 수정되고 재구성될 것이다. 결국 이러한 해석의 문제에서는 절대적 기준도 혹은 절대적인 옳고 그름도 있을 수 없다.

필자는 제1장에서, 설명하기 힘든 실존의 문제나 불합리한 세계와 역사에 대한 문제에 직면할 때 절대자나 완전함을 전제하지 않을 것을 주장했다. 불합리와 불완전함을 인정하고 그 안에서 해답을 구해야 하는 인간의 실존적 현실을 지적한 것이다.

신이 존재하고 이 신의 뜻에 부합하는 객관적 · 초월적 양심이 존재한다면 필자 역시 너무나 기쁠 것이다. 그러나 이 객관성은 언제나 지배 이데올로기의 대변인이 되었고 인간의 역사 속에서 이것은 신의 이름으로 수많은 살육과 불합리와 폭압의 정당화 근거가 되었으며 지금도 이것은 권력의 또 다른 이름으로 대중을 기만하고 있는 것이다. 존재가 존재하는 그대로 여실지견(如實之見)하는 것이 답을 찾는 실존적 행위가 될 것이다. 예를 들어 산길에 피어 있는 강아지똥풀의 꽃을 보고 한의사는 설사약이라고 인식할 것이고 시인은 이름 모를 들꽃을 시의 소재로 인식할 것이며 농부에게는 잡초가 될 것이다. 이들에게 어떤 진리의 세계에서의 강아지똥풀을 인식할 것을 강요하거나 특정 내용을 진리라고 강요하는 것은 불합리할 것이다. 이 풀을 풀 자체로 인식하게 하는 길은 한의사, 시인 등이 각각 다른 편견과 다른 인식을 한다는 현실을 인정하는 것에서 시작할 것이다. 이를 인정하는 것이 가능해야 강아지똥풀을 강아지똥풀 자체로 인정하는 것도 가능할 것이다.

인간은 불완전하고 이 불완전한 존재가 구성해 가는 세계와 역사는 불합리하다. 그래서 설명하기 어렵다. 설명하기 어려우니 설명하기 쉽게 신을 전제할 것이 아니라 그 현실을 직시해 보자는 것이다. 어쩌면 인간이 현실세계에서 행하는 모든 선택은 차악의 선택일 수밖에 없을지도 모르겠다. 그래서 인간이 진리가 무엇인가를 찾는 과정, 그 자체가 진리일 수 있지 않겠는가.

참고문헌

1. 국내문헌

(1) 단행본

권혁범, 『민족주의와 발전의 환상』(솔출판사, 2000).
권영성, 『헌법학원론』(법문사, 2002).
배종대, 『형법각론』(홍문사, 1999).
심헌섭, 『법철학』(법문사, 2000).
이상영 · 김도현, 『법과 사회』(한국방송통신대학교출판부, 2002).
임 웅, 『형법총론』(법문사, 2001).
임 웅, 『형법각론』(법문사, 2001).
조 국, 『양심과 사상의 자유를 위하여』(책세상, 2001).
최봉철, "문언중심적 법해석론 비판," 『법률해석의 한계』(법문사, 2000).
최종고, 『법철학』(박영사, 2002).

(2) 번역서

뒤란트, 윌 / 황문수 역, 『철학이야기』(고려대출판부, 1998).
라드브루흐, G. / 최종고 역, 『법철학』(삼영사, 1997).

라이너, 한스 / 이석호 역, 『철학적 윤리학』(철학과 현실사, 1999).

러셀, B. / 최민홍 역, 『서양철학사 상 · 하』(집문당, 1995).

롤즈, 존 / 황경식 역, 『사회정의론』(서광사, 2002).

벨첼, 한스 / 박은정 역, 『자연법과 실질적 정의』(삼영사, 2001).

스크러턴, 로저 / 김성호 역, 『칸트』(시공사, 1999).

싱어, 피터 / 연효숙 역, 『헤겔』(시공사, 2000).

왈쩌, 마이클 / 정원섭 역, 『정의와 다원적 평등』(철학과 현실사, 1999).

진, 하워드 / 유강은 역, 『달리는 기차 위에 중립은 없다』 도서출판 이후, 2002).

테일러, 찰스 / 한상진 편, "승인투쟁과 인권; 차이의 정치를 향하여," 『현대사회와 인권』(나남출판, 2002).

피어스, 데이비드 / 정영목 역, 『비트겐슈타인』(시공사, 2000).

하트, 허버트 / 오병선 역, 『법의 개념』(아카넷, 2001).

호네트, 악셀 / 문성훈 · 이현재 역, 『인정투쟁; 사회적 갈등의 도덕적 형식론』(동녘, 1996).

호스퍼스, 존 / 최용철 역, 『인간 행위의 탐구』(지성의 샘, 1996).

히사다케, 가토(加藤尙武) / 표재명 역, 『현대 윤리에 관한 15가지 물음』(서광사, 1999).

(3) 논 문

김도균, "John Rawls 자유론에 있어서 분석적 차원과 규범적 차원," 법철학연구, 제5권 제1호, (2002).

박종보, "양심의 자유의 규범구조와 보호범위," 민주법학 제22호, (2002).

이재승, "인권의 기초개념으로서 양심," 국민대 법학논총 제14권, (2002).

임미원, "양심과 자율," 법철학연구, 제5권 1호, (2002).

조 국, "양심적 집총거부권," 민주법학, 제20호, (2001).

최대권, "양심의 자유와 사죄광고," 서울대 법학 제39권 3호, (1998).

최봉철, "권리의 개념에 관한 연구," 법철학연구 제6권 제1호, (2003).

홍성방, "기본권의 충돌과 경합," 안암법학 제9권, (1999).

클라우스 록신(C. Roxin) / 신양균 역, "형면제사유로서의 양심범죄," 성제 김학수박사 정년퇴임 기념호 제1부 전북대 법학연구, (1991).

2. 해외문헌

(1) 단행본

Adams, David M., Philosophical Problems in the Law (Canada: Wardsworth, 2000).

Brock, Peter, Liberty and Conscience—A Documentary History of the Experience of Conscientious Objectors in America through the Civil War (New York: Oxford

Univ. Press, 2002).

Dworkin, Ronald, Law's Empire (Cambridge, MA: Harvard University Press, 1986).

Greenawalt, Kent, Conflicts of Law and Morality (New York: Oxford Univ. Press, 1989).

__________________, Private Consciences and Public Reasons, (New York: Oxford Univ. Press, 1995).

Feinberg, Joel & Coleman, Jules, Philosophy of Law (Belmont, CA: Wadsworth, 2000).

Fuller, Lon, The Problems of Jurisprudence (Brooklyn: The Foundation Press, 1949)

Kamm, F. M., "Rights," The Oxford Handbook of Jurisprudence and Philosophy of Law (New York: Oxford Univ. Press, 2002).

Moskos, Charles C., The New Conscientious Objection (New York: Oxford Univ. Press, 1993).

Raz, Joseph, "Two Views of the Nature of the Theory of Law," Hart's Postscript (New York: Oxford Univ. Press, 2001).

___________, The Authority of Law (New York: Oxford Univ. Press, 1979).

(2) 논 문

Dworkin, Ronald, "Liberal Community," 1989 California Law

Review (1989).

Foucault, Michel, "An Aesthetics of Existence," Sylvére Lotringer 편, John Johnston 역, Foucault Live: Interviews 1966-1984 (New York: Semiotexte, 1989).

Flynn, Thomas R., "Collective Responsibility and Obedience to the Law," 59 Georgia Law Review (1984).

찾아보기

[저자 소개]
이정훈은 1974년 서울에서 태어났다. 동대부고를 졸업하고 1993년 동국대학교 불교학과에 '건학이념 장학생'으로 입학했다. 1997년 동 대학을 졸업했으며, 2003년 성균관대학교 대학원에서 법학석사학위(법철학 전공)를 취득했다. 1994년 대한불교 조계종 각현법신 스님을 은사로 출가하여 수행하였다. 1996년 세계불교도대회 한국대회가 무산되었을 때 한국총재를 대리하여 세계불교도우의회(W. B. F.)의 부의장단(구룽완 박사 - 전 말레이시아 적십자사 부총재, 녹다산 - 전 네팔장관)과 협상하는 등 국제교류에 기여했다. 1999년 군종장교로 임관하여 육군 군종법사로 재직했다. 2006년 서울대학교 대학원 법학과에서 박사과정(법철학 전공)을 수료했다. 현재 한국방송통신대학교 법학과 강사와 종교자유정책연구원 연구위원으로 활동하고 있다.

열린 사회와 양심의 자유

2007년 1월 10일 초판 인쇄
2007년 1월 15일 초판 발행

저 자 이 정 훈
발행인 이 방 원
발행처 세창출판사
서울 종로구 송월동 64-1, (2층)
Tel. 723-8660(대) Fax. 720-4579
e-mail : sc1922@empal.com
homepage : www.sechangpub.co.kr
등록 1990. 10. 8. 제2-1068호(윤)

정가 13,000원

ISBN 89-8411-161-9 93360